— Jun/2015 —

Por la izquierda

Queridos Eve y Fernando —

Es un placer compartir con ustedes, coincidir en tantas pasiones, saber que la amistad nos unirá mañanas por venir.

¡Son lo máximo!

Gracias por su cercanía.

Un abrazote

Alicia Cherem
de Shabot.

Silvia Cherem S.

Por la izquierda

Medio siglo de historias en el periodismo
mexicano contadas por Granados Chapa

KHĀLIDA
editores

Fotografía de la autora:
Nadine Markova.

Fotografía de la portada:
Pedro Valtierra
(Cuartoscuro.com).

Diseño de portada:
Vivian Ruzansky/Jessica Amkie
(duo 2 diseño gráfico).

© 2010, Khálida Editores SA de CV
        Hegel 111-3
        Chapultepec Morales
        México DF 11570
        Tel.: 55-45-64-34

        Primera reimpresión
        Hecho en México
ISBN: 978-607-9078-00-3

A Adela, Jony y Dorit,
porque pareciera que siempre
fueron familia.

Y a Silvita,
promesa luminosa.

Contenido

Prólogo

El propósito fundamental del libro que tiene usted entre sus manos es contar una vida. Una vida ejemplar. La vida personal y profesional de un periodista de excepción quien, como pocos, ha contribuido al ejercicio libre del periodismo en México y a la fundación y desarrollo de los principales medios de comunicación, principalmente escritos, que han marcado la historia de México y de la prensa nacional. Miguel Ángel Granados Chapa, el profesional que a punta de esfuerzo, constancia y rigor –amén de un notable cúmulo de premios y reconocimientos– ha pasado de ser considerado uno de los grandes periodistas de México, referencia indispensable, a convertirse, finalmente, en institución.

Decidió aceptar el llamado de Silvia Cherem para ampliar el trabajo de investigación que, sobre él, había desarrollado de tiempo atrás la periodista. Normalmente reacio a ello, aceptó cruzar de los espacios públicos a los privados. Habló largamente con ella, durante varias sesiones y por muchas horas, para dejar en estas páginas un extenso, pausado y detallado recorrido de su existencia. Es éste, el feliz resultado de las conversaciones.

Por la izquierda, cuya lectura será para quienes –como dice Miguel Ángel– "examinan los hechos trascendentes" en México, es una narración fuerte, humana, reveladora y entrañable. El texto tiene cómo mérito principal su capacidad para arrojar luz, no sólo sobre la biografía de este personaje –al que muchos tenemos como maestro– sino, a partir de ello, también sobre los principales y más destacados capítulos de las últimas décadas en la prensa y la historia del país.

Están aquí retratados los rasgos de vida del Miguel Angel niño, joven y los de su vida adulta, estrecha e indisolublemente relacionada con todo aquello que le ha dado rostro al periodismo nacional, a la defensa de la libertad de expresión y a las mejores causas por la construcción democrática en nuestro país. Está aquí, el medio siglo de historias contadas por uno de sus grandes protagonistas.

Para quienes tienen interés en conocer y saber de las entrañas de los acontecimientos principales en la construcción, mantenimiento y/o destrucción de los más importantes periódicos y revistas de las últimas décadas en México, un camino claro se encuentra, precisamente, en la lectura de este libro. El golpe a *Excélsior* en 1976; el nacimiento de la revista *Proceso*; la existencia del *unomásuno*; el surgimiento de *La Jornada* o la irrupción de *Reforma* son algunos de esos momentos cruciales que son contados aquí por un protagonista principal.

Granados Chapa se detiene y detalla –con una visión crítica, sin olvidar detalle y desde su prodigiosa memoria– para rememorar los caminos que ha recorrido. Desmenuza, rememora y aprieta en algunas llagas. Sobre el golpe a *Excélsior*, no regatea, por ejemplo, en contar su versión de aquellos hechos. Habla del daño causado por algo que a él y a otros les causaba molestia profunda: una suerte de debilidad y singular complacencia del entonces director, don Julio Scherer, frente a quien terminaría siendo usurpador y traidor de aquella causa periodística. Granados Chapa cuenta, desde su propio cristal, cómo sucedieron las cosas.

Sin mostrar animadversión y mucho menos desafecto por don Julio, Granados Chapa decide dejar aquí, y lo hace a sus anchas, su explicación acerca de cómo el golpe al periódico *Excélsior*, propinado por Luis Echeverría en julio de 76, fue posible, entre otras cosas, porque estuvo ahí el huevo de la serpiente prodigado por el director. Están en estas páginas los pasos siguientes al golpe que los echó. La fundación de *Proceso*. La entrada, la salida y el regreso de Miguel Ángel a la revista. Están aquí, en su registro, para su memoria y para la nuestra, todos los lejos y todos los cercas que lo ligan, indefectiblemente, a la figura de Julio Scherer García, el periodista emblema que continúa ejerciendo su profesión. Aún si hubiera pesar en alguno de los dos por ello, uno sin el otro son imposibles de entender. Distante, él mismo, al reconocimiento público, Julio Scherer –junto con *Proceso*– impulsó la iniciativa para que Granados Chapa recibiera la máxima presea que se otorga a un ciudadano distinguido en este país. La medalla Belisario Dominguez fue otorgada a Granados Chapa por el Senado de la República el 7 de octubre de 2008, entre otras cosas por la promoción directa de la revista y su fundador.

Mal de salud, con un cáncer a cuestas, Miguel Ángel, fue sometido a una espiral de homenajes y reconocimientos que lo hicieron transitar por universidades, congresos y todo tipo de recintos en donde académicos, legisladores, actores políticos y compañeros de profesión quisieron decirle en vida que lo querían, que lo respetaban y que, en amplios márgenes de la sociedad, se le profesaba abierta admiración. Había que decírselo fuerte, claro y pronto.

Su mermada salud, debilitada apariencia y versiones médicas sombrías alimentaron la idea de que el final de su existencia había empezado a suceder. A él mismo le embargó una sensación "dual y ambigua…me dio la impresión, que después deseché, que quienes organizaban esas cosas percibían que pronto me iba yo a morir y que querían aprovechar para hacerlo mientras estuviera vivo". Con un cambio de estrategia médica y un galeno de primera, sobrevino en Miguel Ángel un proceso de recuperación que él mismo ha llamado renacimiento. "… Les tomé el pelo. No me he muerto y recibo estos reconocimientos y el renacer con mayor gusto."

Cierto es que en 2008 vino lo que Silvia Cherem titula en este libro como "El amontonamiento de premios" que no demerita, ni el valor ni el peso de cada uno de ellos. La situación generó un sentido de urgencia, que se ha disipado, para reconocer un trabajo valioso, apreciado y de profunda utilidad pública. Aún en el periodo más aciago de la enfermedad, Granados Chapa sorprendía con lo que ha sido su marca biográfica: la constancia, la consistencia y el rigor en su tarea co-

11

tidiana. Tal vez sus radioescuchas de "Plaza Pública" en la radio universitaria notaban algunas fatigas que les hiciera sospechar algo pero, los lectores de su columna –de no estar enterados por otras vías– jamás notaron variación alguna en la agudeza, rigor y vocación periodística de sus columnas. Sorprende de Miguel Ángel su capacidad de trabajo, su incansable vocación por generar contenidos y habilidad y eficacia para colocar temas y perspectivas en la agenda periodística del país.

El que está usted leyendo, es un espléndido texto en donde Silvia Cherem logra retratar, con amplitud y generosidad, todo aquello que ha hecho, al paso del tiempo, de Miguel Ángel Granados Chapa no sólo el extraordinario ser humano que disfruta su entorno familiar y relaciones personales, sino la figura, clave e influyente, que hoy nutre con gran vigor el debate y la vida pública mexicana. Es un corte de caja de una vida que continúa, que no cedió ante la adversidad médica y que muestra estar decidida a seguir escribiendo, por largo tiempo, los mejores renglones del periodismo nacional.

Carmen Aristegui
México D.F., 2010.

Motivos y agradecimientos

La llamada desde Colombia fue confidencial. Hermes Martínez Banfi de la Fundación Nuevo Periodismo Iberoamericano, presidida por Gabriel García Márquez, me pidió en julio de 2009 entrevistar a Miguel Ángel Granados Chapa, a quien le otorgarían dos meses después, el 1° de septiembre, el premio de la octava convocatoria CEMEX+FNPI en la modalidad de homenaje, en la ciudad de Monterrey.

Jaime Abello Banfi, director de la FNPI, conocía mi trabajo: había sido tres veces semifinalista del premio en la modalidad de concurso. Pidió un perfil de Granados Chapa que permitiera a los periodistas y al público en general de Latinoamérica, acercarse al galardonado: descubrir sus motivaciones y filosofía, rescatar sus tropiezos, recuperar las historias trascendentes a lo largo de sus más de cuarenta años de trayectoria. Quería un relato jugoso y puntual; no había límite de espacio.

Habían pasado más de quince años desde que circunstancialmente Granados Chapa me dio un empujón en mi comienzo como periodista. Desde entonces no habíamos tenido contacto. En aquel 1994, un Granados Chapa críptico y distante, hablando con el desapego del usted, me había anticipado que él no daba entrevistas, que su vida privada era eso: privada.

Leí. Investigué su pasado. Buscando tener un perfil completo de su identidad, hablé inclusive con sus amigos de infancia. El reto era motivarlo a desmenuzar su historia, doblegar a sus fantasmas, ahondar en su deseo de destacar en el periodismo, quizá como un ímpetu velado para demostrar su valía a un padre ausente. Llamé con el temor de que nuevamente me rechazara. El momento era incierto. Los premios y reconocimientos se le apiñaban, semana tras semana, como si el cáncer de colon que padecía fuera incurable. Aunque seguía adelante sin faltar a ningún compromiso periodístico, sin dejar de publicar sus columnas o de participar en su programa radiofónico diario, su semblante lo delataba: había fotografías de él con veinte kilos de peso menos y una palidez evidente.

Nos reunimos en un primer encuentro en la cafetería de Radio UNAM, después de su programa matutino. Con huevos revueltos de por medio, iniciamos la cordial conversación hablando de temas generales. Cooperó haciendo gala de su memoria prodigiosa: dio detalles, nombres, fijó postura de cada tema hablando de situaciones nunca antes develadas. En cuatro horas y media apenas habíamos abordado un par de hojas de un cuestionario que sobrepasaba una veintena de páginas. Permitió inclusive que nos tuteáramos. "Miguel Ángel, ¿podemos volver a vernos?", pregunté temiendo su negativa.

Las citas se sucedieron durante varias semanas, cuatro horas cada sesión que sumaron más de treinta horas grabadas, llegando así a la fecha límite en la que tenía que entregar el trabajo a la Fundación Nuevo Periodismo Iberoamericano. De estos encuentros, en los que Granados Chapa aportó nuevos elementos para entender el golpe a *Excélsior*, la fundación de *Proceso*, el auge y declive de *unomásuno,* la creación de *La Jornada* y su permanencia en *Reforma*, surgió entonces no sólo la entrevista para la FNPI, sino también *Por la izquierda*, un libro que fue creciendo en los meses posteriores con anécdotas de lo íntimo y de lo público.

Estas páginas lo abordan casi todo: la relación con el poder, la urdimbre que enmarca los éxitos del periodista, las preferencias políticas, las anécdotas chuscas, comprometedoras y difíciles; las rupturas, las amenazas, los miedos y hasta el acoso de la enfermedad. Sus revelaciones aportan, además, elementos para comprender las facturas que favorecieron la creación de los principales medios periodísticos nacionales y, sobre todo, explican el paso de un periodismo paternalista, oficialista y corrupto, a uno de mayor apertura, valentía y distanciamiento con el poder.

Mi agradecimiento a la Fundación Nuevo Periodismo Iberoamericano por el impulso y la confianza para realizar la larguísima entrevista inicial que me permitió escribir este perfil. A Guadalupe Bringas, asistente de Miguel Ángel Granados Chapa, por su prestancia y disposición para acordar citas y resolverme cualquier duda o inquietud. Asimismo, agradezco a María Elena Pérez que también trabaja con Miguel Ángel, y a Rosario Inés Granados Salinas, su hija.

A Juan Romeo Rojas, Rosalba Cruz Soto y Yolanda Zamora Casillas, alumnos del periodista en 1970, quienes organizaron un homenaje en su honor en la UNAM y luego compilaron los testimonios de aquel encuentro en el libro *Miguel Ángel Granados Chapa: maestro y periodista*, publicado por la Facultad de Ciencias Políticas y Sociales, un tesoro para mi trabajo.

La entrevista se volvió libro gracias al consejo de Lázaro Ríos, director del periódico *Reforma*, donde yo también escribo. De *Reforma*, agradezco también a René Delgado y a Homero Fernández. Mi gratitud a Carmen Aristegui, generosa e inteligente, quien sin titubeos aceptó prologar *Por la izquierda*.

Agradezco su apoyo a Shulamit Goldsmit, la pareja incondicional de Granados Chapa; a Alfredo Rivera Flores, su amigo de infancia; a Fernando Solana, profesor de Granados Chapa y amigo cercano; a Omar Raúl Martínez, de la Fundación Manuel Buendía; a Rafael Rodríguez Castañeda, director de *Proceso*; a Ignacio Solares y Sandra Heiras, de la *Revista de la Universidad*; y a Laura Emilia Pacheco, Alvaro Enrigue y Héctor Chávez Castillo, de Conaculta.

El fotógrafo Pedro Valtierra merece una mención especial. Tiene un archivo notable de la trayectoria de su amigo Miguel Ángel y sus fotos son prodigiosas. Muchas de las que se incluyen en *Por la izquierda*, incluyendo el retrato de portada, son de su autoría y algunas más, capturadas por otros fotógrafos, pertenecen también al acervo de Cuartoscuro. Mi agradecimiento asimismo a Misael Valtierra, quien ahí labora y pasó largas sesiones conmigo buscando las imágenes.

Marco Antonio Cruz, coordinador de fotografía de *Proceso*, aportó un par de fotografías más recientes e igualmente importantes.

Las imágenes del golpe a *Excélsior* son de Aarón Sánchez, hoy jefe de fotografía de la Cámara de Diputados. Haciendo gala de su oficio e intuyendo el valor de una imagen, Aarón fue quizá el único fotógrafo del diario que disparó su cámara un sinfín de veces aquel 8 de julio de 1976, durante la violenta asamblea de cooperativistas que expulsó a Scherer y a sus colaboradores, y su salida de las instalaciones del diario ubicado en Reforma #18. Sus fotos son un documento invaluable para la historia.

Mi agradecimiento por sus consejos a Carlos Noriega, Carlos Anaya y Alejandra Sánchez Moyano, de Noriega Editores. Asimismo al contador Jorge Delgadillo. Agradezco también a los fotógrafos Christa Cowrie y Rogelio Cuéllar, a la escritora Alma Guillermoprieto y a los editores Valentina Gatti, Ana de la Serna y Ricardo Sánchez Florencia. Asimismo a Mariana Mijares Pérez Goycoechea y a María Luisa López Gómez. Dana Cuevas Padilla fue colaboradora cercana: investigó, creó el índice onomástico y revisó minucias en las lecturas finales, erratas que al ser corregidas abrillantan un libro.

Rosa María Villarreal siempre ha estado a mi lado aconsejándome en mis trabajos periodísticos y proyectos editoriales. Este libro también pasó por su inteligente corrección.

El título se lo debo a Jonathan Schatz, quien sin chistar, al ver la portada sobre mi escritorio con otra propuesta, dijo: "ese nombre no sirve, se debería llamar *Por la izquierda…*" y, por supuesto, tenía toda la razón. Era el nombre que tenía meses buscando.

Vivian Ruzansky y Jessica Amkie diseñaron las portadas y las páginas de fotografías; Alberto Martínez Arellano lo formó y José Luis Cuevas de Edamsa condujo a buen término la impresión.

Moy es mi cómplice, mi tierra firme, mi primer lector. Para él, para mis padres, José y Linda Cherem, y para mis hijos: Salo y Adela, Pepe y Dorit, y Raque y Jony, mi cariño es incondicional y eterno.

A Miguel Ángel Granados Chapa le agradezco su confianza y apertura, deseando que goce de salud, vitalidad y larga vida para seguir aportando al periodismo mexicano. Muchos queremos seguir aprendiendo de él. Finalmente, soy yo la responsable de omisiones y errores involuntarios, por los que pido una disculpa de antemano.

SILVIA CHEREM S.
México D.F., agosto de 2010.

"Sigo vivo…"

A Miguel Ángel Granados Chapa la intemperie no le asusta. Una y otra vez, a lo largo de su historia, ha quemado sus naves sin saber a dónde irá. Lo hizo al marcharse de *Excélsior* en 1976, arropado por el grupo de Julio Scherer. Al salir de *Proceso* en 1977, desgastada su relación con Scherer. Luego, al renunciar a *unomásuno*, por solidaridad con los accionistas. Y a *La Jornada*, tras un pleito de principios con Carlos Payán. Ha sido líder de equipos, pilar de las publicaciones que moldearon la historia de México, pero, sobre todo, ha sido un solitario que se cuece por aparte, tirando sus dados sin temor a mirar atrás. Su perseverancia, su capacidad de análisis y, sobre todo, su disciplina lo han mantenido vigente y en primera línea en el oficio periodístico durante más de cuarenta años.

Su mayor logro ha sido la permanencia de su Plaza Pública que aparece diariamente desde 1977. "Un expediente diario", decía Carlos Monsiváis; "un espacio en el que destripa realidades como quien autopsia muertos", apunta Vicente Leñero. Su memoria es prodigiosa: engarza y troquela las ideas en artículos que escribe de un jalón. Dice que redacta y depura cuartillas en la mente, luego ya sólo se las dicta a sí mismo. Corrige poco. Conserva un archivo mental de todos los personajes políticos y de quienes se le cruzan en el camino, inclusive recuerda a sus alumnos que, treinta años después, puede reconocer con nombre y dos apellidos.

Quisiera ser recordado como un hombre que, a través del periodismo, "ha intentado hacer el bien, difundirlo". Pero el gremio lo reconoce por mucho más que eso: baluarte de la libertad de expresión, protector de periodistas, defensor de los derechos humanos, persecutor de políticos corruptos, delator del fascismo y de la derecha religiosa, y quien más conoce en México del funcionamiento del poder político, del comportamiento presidencial y de los manejos de la Corte.

Comenzó en el periodismo cuando los columnistas tasaban las líneas al mejor postor. Él no lo permitió. Dos veces intentaron comprarlo. La primera en 1975 cuando Marino Sagástegui, caricaturista de *Excélsior,* le dijo que el regente Octavio Sentíes quería "venderle" una casa en la Campestre Churubusco sin enganche y con un crédito blando a treinta años, como lo hizo con muchos otros periodistas de *Excélsior*. Y la segunda, tres años después, siendo Carlos Hank regente capitalino, Granados Chapa recibió una llamada del secretario de Gobierno Manuel Gurría Ordóñez quien quería "servirle" regalándole una casa.

Negándose cultivó su fama. Regresó hasta una videocasetera que le envió a su casa en 1981 Javier García Paniagua, secretario de Estado en el gobierno de José López Portillo. García Paniagua era uno de los dinosaurios del PRI. Había sido titular de la Dirección Federal de Seguridad, encargada de la guerra sucia de los años setenta, luego líder nacional del PRI y, al no ser ungido como el candidato sucesor, se conformó con ser secretario del Trabajo y Previsión Social durante el último año de gestión de JLP, momento en el que trató de cooptar al periodista.

Granados Chapa hoy repite irónico la frase de Carlos Monsiváis: "¡Yo no sé quién me hizo esa fama de honrado, que ya nada me ofrecen!". Le propusieron dos embajadas y una delegación que no aceptó. Jorge Castañeda padre le convidó la embajada de México en Nicaragua en 1979, tras el triunfo sandinista. Cuatro años después, Bernardo Sepúlveda lo invitó a ser embajador de México en Cuba. Y en 1997, Cuauhtémoc Cárdenas, siendo regente del Distrito Federal, le ofreció la jefatura de la delegación Miguel Hidalgo. Todo rechazó por el lujo de ser periodista independiente. Lo único que sí aceptó fue ser consejero ciudadano del Instituto Federal Electoral en 1994 porque no interfería con su Plaza Pública, por el contrario, le permitió seguir ejerciendo su libertad crítica.

Su primer reportaje sobre el fascismo en la Iglesia, en 1964, lo hizo acreedor a una tranquiza. Haría callo y, desde entonces, no desdeña ningún tema de la agenda política, ni siquiera aquellos que involucran al narcotráfico. Nada lo ha intimidado. Ni Echeverría, cuando a él y a Scherer los amenazó de muerte en la gestación de *Proceso*. Ni el PROCUP, una guerrilla que en 1990 mató a dos guardias en la puerta de *La Jornada* para mandarle un puntual mensaje. Ni las llamadas de hostigamiento, que han sido pan de cada día. Ni siquiera lo acalambran quienes intentan amedrentarlo mencionando a sus hijos, como lo hizo Jorge Mendoza, cuando era vicepresidente del Canal 13 y ahora es senador del PRI, quien para acallar su continua postura de enjuiciamiento a TV Azteca y a Ricardo Salinas, le preguntó hace tres años: "¿No se le ofrecerá algo a Luis Fernando, que está en Georgetown, o a Rosario Inés que estudia en Harvard?".

Granados Chapa sabe que tiene enemigos y, sin embargo, no se protege ni se autocensura. "Me cuido no yendo a Tepito a las doce de la noche", dice sarcástico. A diferencia de Manuel Buendía que andaba armado, Granados Chapa nunca ha tenido pistola ni acepta guardias: "son inútiles".

Específicamente hoy teme a José Antonio Zorrilla, asesino de Manuel Buendía, que ya está libre. Granados Chapa fue el primero en acusarlo y sabe que podría matarlo. Asimismo, señala a Miguel Ángel Yunes y a Gerardo Sosa, a quienes continuamente acusa, por aparte, de corruptos y posibles protagonistas de actos delictuosos. "A Sosa y a Yunes –puntualiza– no les tengo miedo, pero sé que podrían atentar contra mí. Miedo le tengo a Zorrilla".

Granados Chapa sostiene que el periodismo hace política, pero no es un factor de poder. Los periodistas no pueden transformar el mundo con su trabajo. "Soy realista, contribuyo a modificar la realidad, pero no tengo capacidad de cambiarla", dice. No cree en el periodismo objetivo ni clínicamente puro. Sostiene, como el poeta español José Bergamín, que somos sujetos, no objetos, y que, por lo tanto, todos sin distinción somos subjetivos porque tenemos una preferencia partidista y una visión de mundo personal.

Él se ubica en la izquierda liberal porque desde niño mamó la pobreza y la injusticia. "No me inquieta que me acusen de perredista. A diferencia de otros que expresan sus afinidades soterradamente, yo he sido honrado con mis preferencias. Procuro ser crítico también con el PRD, no fui un servidor de López Obrador mientras estuvo en el gobierno y lo critiqué abiertamente cuando organizó el plantón en Reforma tras su fallida elección".

Se dice más partidario de Andrés Manuel López Obrador que de Cuauhtémoc Cárdenas, más cerca de Alejandro Encinas que de Jesús Ortega. A López Obrador lo distingue como el mayor dirigente social que ha tenido México por décadas, y le enfada que lo comparen con Hugo Chávez que "es un golpista, no un demócrata". Granados Chapa es un claro defensor de los derechos sindicales y continuamente apoya con su pluma las luchas de los trabajadores.

Entre los políticos mexicanos admira profundamente a Heberto Castillo, creador del Partido Mexicano de los Trabajadores; a Arnoldo Martínez Verdugo, líder del Partido Comunista y, sobre todo, a Jesús Reyes Heroles, alrededor de quien escribe su tesis doctoral, aún inconclusa.

"Reyes Heroles es personaje clave, el mejor político del sistema en los últimos cincuenta años; sin él el país sería distinto, para peor. Le debemos la reforma política, la representación de las mayorías y el desmantelamiento del partido único omnipotente, sin estallidos. Reformó para conservar: fue una obra magistral".

Tiene claro que los funcionarios son ciudadanos como cualquier otro, investidos temporalmente de poder. "No son aborrecibles ni adorables de suyo, simplemente son ciudadanos, por ello no merecen ni reverencia ni repudio de facto".

Señala que nunca se ha hecho amigo de funcionarios en el poder porque son amistades "meramente funcionales". Ha tenido amigos en el poder porque ya eran amigos de antes, como Heladio Ramírez López, ex gobernador de Oaxaca y a quien conoció "cuando andaban en harapos", y Miguel Limón, ex secretario de Educación. A ellos dos los respeta porque han sido honestos en el desempeño público; no así a Roberto Albores, gobernador de Chiapas, a quien exhibió por su comportamiento lesivo para la gente. Así se terminó la amistad.

Cuenta un chiste conocido que la diferencia entre Pepe Pagés Llergo y Julio Scherer es que Pagés, por los amigos, se olvidaba del periodismo y que Scherer, por el periodismo, se olvida de los amigos. Granados Chapa fija postura: "Soy cuidadoso del lenguaje cuando alguien es mi amigo, pero no dejo de decir las cosas. No callo la conducta indebida de un amigo, pero tampoco hurgo. Como decía Juárez: para todos justicia, y para los amigos, justicia y gracia".

Si algo lamenta al analizar su trayectoria es no haber abordado a profundidad las luchas de los guerrilleros en la guerra sucia que el gobierno de Echeverría emprendió contra ellos y que finalizó cuando en 1977 Jesús Reyes Heroles, secretario de Gobernación de López Portillo, puso punto final con una Ley de Amnistía. "Si se revisara mi material de los setenta con los ojos de hoy, hasta yo mismo me preguntaría: 'Y este cuate, ¿en qué país vivía?'. Era de los pocos que escribía de uno que otro guerrillero, pero lo hice como casos aislados. No percibí la persecución ilegal sistemática de la que eran objeto los guerrilleros —a unos los mataron, a otros los exiliaron—, y eso es un profundo hoyo en mi trabajo que lamento".

Afirma que tiene dos ingenuidades aldeanas: "el amor a la tierruca y la creencia en el valor de las vidas ejemplares". "Siempre estoy en Hidalgo", dice. Colecciona fotografías con la torre del reloj de Pachuca, "la provincia del reloj en vela" como escribió Ramón López Velarde, y cuando menos dos de los libros de su autoría tienen que ver con ilustres liberales hidalguenses: Alfonso Cravioto y Vicente García Torres.

"Tengo una relación edípica con mi tierra. Cuando llego a Pachuca, al estar en el límite entre el Estado de México y el de Hidalgo, parece una tontería, pero siento calorcito, entro al seno materno". Por ello y porque le enfada que Hidalgo ha sido gobernado por "ineptos y corruptos que lo tienen condenado a la miseria", quiso ser gobernador de su estado. No logró la alianza entre el PAN y el PRD, y se arrepiente de haber sostenido una candidatura que no consiguió un mínimo de electores. Recientemente quiso conseguir nuevamente esa alianza para derrotar al PRI. Su candidata fue Xóchitl Gálvez, quien fuera directora de la oficina para el Desarrollo de los Pueblos Indígenas durante el gobierno de Vicente Fox, y vivió esperanzado en que, ahora sí, lograría su objetivo.

Es melómano, bailador y se sabe cientos de boleros de memoria. La carne y el vino rojo, antaño sus placeres preferidos, son un episodio cancelado por la enfermedad que lo acosa. Es un hombre formal que siempre viste de traje y corbata, y que se habla de usted hasta con los amigos cercanos. Así se relacionó con Francisco Martínez de la Vega y Manuel Buendía, ambos fallecidos, y con Fernando Solana y Julio Scherer, con quien hasta hace poco se tutea. Confiesa que nunca ha tenido un par de *jeans* o unos *pants* deportivos en su guardarropa, y que jamás se ha emborrachado. Es ecuánime y mesurado, siempre habla con propiedad, como si escribiera, y sólo una vez en su vida se ha salido de sus casillas al grado de mentarle la madre a alguien.

Le enfurece tener hambre, si no desayuna asegura que puede "cachetear a alguien". Por eso, a diario y a la misma hora, a las 9:30, saliendo de su programa de Radio UNAM, desayuna lo mismo: dos huevos revueltos con pan y dos jugos de naranja. Aunque es autosuficiente en casi todo, no sabe nadar ni guisar. A lo más que llega en la cocina es a poner agua y café soluble en una taza. Otra de sus manías, dice que por "una cerrazón psicoanalítica", es no saber qué tipo de sangre tiene. A pesar de que por la enfermedad ha requerido de continuas transfusiones, se niega a incluir en su prodigiosa memoria, rica en detalles, su grupo sanguíneo.

No se entiende del todo con la computadora, le sigue resultando ajena. Su primer coche, un Volkswagen, siempre Volkswagen aún hoy, lo compró a los 32 años. Se declara anticonsumista y, por ese principio, no llevó jamás a sus hijos a Disneylandia. Insiste que no es por una postura antiyanqui: sus hijos se formaron en Estados Unidos. Su mayor defecto es ser intolerante, pero trata de endulzarlo con la razón.

Afirma que no pierde el suelo. Lo perdió sólo cuando comenzó a trabajar: se compró un gasné y cigarros Benson & Hedges, por un esnobismo que casi de inmediato desechó. La austeridad con la que creció ha sido su semáforo rojo para asentar los pies en la tierra.

A principios de 1970, en la época dorada de *Excélsior*, Julio Scherer le dijo a Granados Chapa: "Usted es casi perfecto, sólo le falta sufrir". Respondió: "No veo la necesidad". Hoy, a los 67 años y al hacer un desglose de su vida en más de veinte horas de entrevista, se pregunta si realmente ha sufrido. Concluye que no. Las muchas ocasiones de sufrimiento en su vida –especialmente el golpe a *Excélsior* y la salida de *Proceso*–, muy pronto se revirtieron en crecimiento y brillo; y la enfermedad que lo acosa desde diciembre de 2007, en un derroche de cercanía, apapacho y amorosa generosidad.

"No tengo resentimientos de ninguna especie, la vida ha sido mucho más generosa conmigo que adversa, y sólo tengo gratitud. He tenido momentos profesionales muy difíciles, pero éstos se han revertido de inmediato con signos de lo contrario. De modo que la pena, el pesar, la ira, se han compensado. En los últimos años, tengo abundantes motivos de gratitud por la generosidad de las personas, más gratificaciones que motivos de aflicción. Además, sigo vivo…".

El amontonamiento de premios

En 2008 no pasaba una semana sin que el periodista Miguel Ángel Granados Chapa atendiera alguna llamada para avisarle que recibiría algún premio u homenaje. Acosado por lo que parecía un cáncer irremediable, siguió trabajando sin cesar y los reconocimientos se fueron amontonando: ingreso a la Academia Mexicana de la Lengua, la presea Pedro María Anaya del Congreso del Estado de Hidalgo, la medalla Belisario Domínguez del Senado de la República, un homenaje en la UNAM organizado por sus alumnos de 1970 con la participación de una treintena de destacados intelectuales en ocho mesas redondas, un doctorado *Honoris Causa* de la Universidad Autónoma Metropolitana, un reconocimiento de la Asociación Mexicana de Derecho a la Información...

"Tenía una sensación dual, ambigua", dice Miguel Ángel, haciendo gala de su cabal salud. Ha recuperado más de 22 kilos de peso y el único recordatorio de su enfermedad es una dona de tela que carga "ya sin vergüenza" para sentarse. "Cuando empezaron los reconocimientos me dio la impresión, que después deseché, que quienes organizaban esas cosas percibían que de pronto me iba yo a morir y querían aprovechar para hacerlo mientras estuviera vivo. Pero les tomé el pelo. No me he muerto, y recibo estos reconocimientos y el renacer con mayor gusto".

Parecía ya no faltar ninguno y con su sarcasmo habitual bromeaba con sus hijos y con Shulamit Goldsmit, su pareja hace catorce años: "Algo anda mal esta semana, no ha habido premios, alguna irregularidad debe de haber".

En ese contexto, en julio de 2009 entró una llamada a su celular: "Número privado". Jamás contesta llamadas de desconocidos, pero "privado" podía ser su hijo Luis Fernando, que vive en Estados Unidos, o Javier Quijano, su abogado. La voz lo desconcertó: "Habla Jaime Abello desde Cartagena, director de la Fundación Nuevo Periodismo Iberoamericano". Granados Chapa pensó en colgar, pero un morbo curioso lo alertó: conocía a la FNPI. Abello continuaba su discurso: "El jurado de este año, en el que están Alma Guillermoprieto y Carlos Monsiváis, ha decidido otorgarle el Premio de la octava convocatoria en la modalidad de homenaje, por sus más de cuarenta años en el oficio, por su valentía…". Granados Chapa estaba seguro: era una broma de Monsiváis. Le gustaba "el cultivo", ver quién cae cuando llaman diciéndole que habla Barack Obama o Felipe Calderón.

Alfredo Rivera Flores, su amigo desde la adolescencia, le insiste: "Sólo ese premio te faltaba". Aunque no estaba palomeando una lista, este premio que recibió en Monterrey el 1° de septiembre de 2009 le resultó muy bienvenido por su valor intrínseco y porque lo promueve la fundación de Gabriel García Márquez, a quien aprecia y admira.

"No he engañado a la gente, hay una tarea evidente y cuando hay grupos o personas que juzgan que mi trabajo es digno de ser reconocido, la fiesta me gusta. Una de las cosas que lamento de mi actual situación es que no puedo bailar, pero el festejo nadie me lo quita".

Crucero: el inicio

Aunque su primer reportaje en 1964 no llevó rúbrica, Granados Chapa dejó claro el estilo que lo ha identificado en su carrera periodística: valentía e investigación cabal, y desde entonces, siendo un joven de 23 años, enfrentó sin callo periodístico las escabrosas consecuencias que puede tener el oficio.

Con una investigación acuciosa, en el semanario *Crucero* que fundaba entonces Manuel Buendía, publicó durante siete semanas, a partir del 23 de agosto de 1964, un reportaje de denuncia sobre el Movimiento Universitario de Renovadora Orientación (MURO) y otros grupos fundamentalistas católicos clandestinos como la Liga Universitaria Nacionalista y la Vanguardia Integradora de la Mexicanidad. Exhibió su forma de organización, la juramentación en ceremonias secretas con una daga, un crucifijo y una calavera, los nombres de sus dirigentes y sus fuentes de apoyo, incluyendo universidades públicas y privadas que arropadas en un catolicismo intransigente al estilo Ku Klux Klan incentivaban a estos grupos radicales anticomunistas, antijudíos y antiprotestantes.

Eran tiempos de franca división en la Iglesia. El Cardenal Tisserant, el segundo del Vaticano, había permanecido 18 días en México, en diciembre de 1963, con la intención infructuosa de convencer a los obispos fundamentalistas de la necesidad de reformar la Iglesia. La discordia era infranqueable. Por un lado estaban los progresistas, seguidores de las encíclicas y del Concilio Vaticano de Juan XXIII; por el otro: derechistas, radicales y conservadores, opuestos a cualquier modernización.

La respuesta a la osadía de *Crucero* no tardó. *Puño*, el órgano informativo de MURO, alude en septiembre de 1964 "a los vodeviles mariguanescos de *Crucero*" y, aunque el reportaje no había sido firmado, desenmascararon al reportero Miguel Ángel Granados Chapa y lo acusaron de ser el "inspirador y propiciador del suspenso de este cuento que ha dejado temblando al Monje Loco". Señala Granados Chapa: "El enojo manifestado de esa manera comprobó que habíamos dado en el blanco: todo era cierto. Yo me había documentado bien, mis testimonios eran confiables. No tuve miedo, pero sí la certidumbre de que algo iba a pasar".

Los pormenores detrás de esta historia nunca antes los había revelado. Miguel Ángel tenía un amigo muy querido, un sacerdote dominico suizo, fray Tomás Allaz, por quien su segundo hijo se llama Tomás Gerardo. Allaz había hecho una primera denuncia contra el MURO en un artículo en la revista *Siempre!*: "Cristianismo sí. Contubernio político religioso, no".

Apunta Granados Chapa: "Don Tomás y yo fuimos amigos durante muchísimos años. Había sido sacerdote obrero en Francia y era un franco opositor del uso de la religión católica como instrumento político. En la propia parroquia universitaria donde él actuaba, en el Centro Universitario Cultural a las afueras de Ciudad Universitaria, me interioricé en la espiritualidad católica con él y con otros dominicos. Yo era un católico ritualista, siempre fui a escuelas públicas y para mi madre ser católico era sólo asistir a misa los domingos. Estando en la UNAM, pude ir formando un criterio con la visión humanista de fray Tomás que contrastaba con la de varios de mis compañeros de Ciencias Políticas, líderes de MURO, que hacían proselitismo en la universidad".

Manuel Buendía y Granados Chapa estaban en la misma cuerda. Buendía había sido seminarista, luego panista y, finalmente, tras rechazar el catolicismo de derecha, un franco opositor. Diferenciaba la religión ética, que promueve y busca la justicia, del catolicismo intransigente y radical; y se mostró dispuesto a que Granados Chapa realizara aquella investigación justamente en tiempos en que el propio arzobispo Miguel Darío Miranda y Gómez escribía una carta pastoral de condena "a los grupos secretos", misma que publicaron en facsímil en *Crucero*.

Había que documentar a qué grupos secretos se refería el arzobispo. Granados Chapa bien los conocía y no tuvo empacho en hablar con sus compañeros universitarios haciéndoles creer que juramentaría como miembro de MURO, fachada de otros movimientos clandestinos. Participó en reuniones que, a ese efecto, se llevaban a cabo en una casa en la calle de Tuxpan, en la colonia Roma. "Desde el primer momento supe que había contraído una deuda que me harían pagar porque expuse la violencia de la que eran capaces los grupos subterráneos. Ello iba a tener un costo", dice.

Y lo tuvo. En marzo de 1965, casi nueve meses después, jóvenes que se hicieron pasar por estudiantes lo atraparon y secuestraron en un Mercedes Benz para golpearlo sin clemencia y, en la Magdalena Contreras, despoblada entonces, lo encueraron y amarraron a un árbol para darle una paliza feroz. El mensaje era claro, sus adversarios creían que a trancazos aprendería a guardar silencio.

El trayecto de Ciudad Universitaria a Contreras no fue breve, iban dando vueltas para perderse de una patrulla de la policía universitaria que los perseguía. Un amigo de Miguel Ángel había dado aviso. Presenció el secuestro y a gritos alertó al servicio de seguridad de la UNAM. La persecución se prolongó durante algunos minutos, pero al final fue infructuosa, porque el coche de los jóvenes era mucho más potente y dejó atrás a la patrulla.

"Por lo que pude sentir, dieron muchas vueltas para perderse de la patrulla –recuerda–. Iba yo agachado en el asiento de atrás, flanqueado por dos de los cuatro tipos que me pescaron. Cuando finalmente lograron esquivar a la policía, me dio miedo, no sabía qué iba a pasar".

Ensangrentado en la Magdalena Contreras, dice que más que coraje o temor, sintió alivio. "Era un crédito que había cubierto. Tenía ese pendiente, sabía que un día iba a ocurrir y no fue tan grave porque hubieran podido matarme. Arrostré las consecuencias como parte del oficio y para mi suerte el costo no fue tan elevado: pagué la deuda y contraje un lazo de amistad con Buendía, quien me cobijó en todo momento".

Además, no aprendió la lección: jamás se callaría. *Crucero* exhibió la golpiza. Buendía y él presentaron además una denuncia penal y el procurador de Justicia, Fernando Román Lugo, accedió a investigar los hechos. Fernando Merino, compadre de Buendía, se encargó de la investigación. "Con información de la policía universitaria encontramos el coche Mercedes Benz negro. Era de Eduardo Turati, uno de los golpeadores. También reconocimos a Jorge Martínez, un muchacho medio lumpen, cosa rara porque los de MURO eran muchachitos bien, procedentes de las escuelas de derecha, sobre todo lasallistas".

Sin embargo, un día Merino anticipó a Buendía y a Granados Chapa que tenía órdenes del procurador de no seguir. En el gobierno de Díaz Ordaz trabajaba Luis Farías, director de prensa de la Secretaría de Gobernación, quien, según Granados Chapa, en sus años universitarios en la década de 1940 había sido jefe de Los Conejos, organización equivalente a MURO, y seguía siendo cercano a estos grupos secretos. Luego fue diputado y gobernador de Nuevo León. "Ahí quedó todo: con la identificación de dos de los golpeadores y sin ninguna consecuencia", señala.

Casi quince años después, el 3 de mayo de 1978, en su columna Plaza Pública en *Cine Mundial*, Granados Chapa denunció a la Unión Nacional de Padres de Familia como una organización conservadora y reaccionaria, infiltrada por fascistas. Mencionó a su nuevo presidente: Eduardo Turati, quien después sería diputado del PAN.

Textualmente escribió: "¿No una persona de ese nombre (Eduardo Turati) participó en 1965 en el asalto a un periodista que había denunciado a los grupos secretos de corte fascista que se ocultaban tras la mampara de MURO?". Acusó, asimismo, a Federico Muggemburg que aunque no fue de los golpeadores, sí había sido parte de la estructura de MURO, y en ese 1978 era ideólogo del Centro de Estudios Económicos del Sector Privado de la Concanaco. También mencionó a Luis Felipe Coello y a Guillermo Vélez Pelayo, presidente y vicepresidente de MURO.

Paradójicamente, por esos vuelcos que da el destino, a Vélez Pelayo lo apoyó en 2001 porque, siendo funcionario de la Secretaría del Trabajo, padeció el asesinato de su hijo, un joven de treinta años, a manos de la novísima Agencia Federal de Investigación que, sin pruebas, lo acusó de secuestrador, lo torturó y lo acabó asfixiando. Dejando de lado la actuación de éste en MURO, el periodista denunció el hecho en su Plaza Pública.[1]

Crucero no logró despegar y Granados Chapa renunció en 1965 para fundar Informac, una agencia periodística con Fernando Solana, su maestro en Ciencias Políticas y quien llegaría a ser en 1968 secretario general de la UNAM. Señala: "Era un adelanto en mi desarrollo profesional, iba a tener áreas de responsabilidad a mi cuidado y a Solana lo admiraba mucho". De hecho, Luis Fernando, su primogénito, se llama Fernando por Solana.

La relación con Manuel Buendía se afianzó con los años. "Fui su subordinado un año y fuimos amigos diecinueve años", dice Granados Chapa, quien ha sido punta de lanza en la investigación y enjuiciamiento de los responsables de su asesinato.

---

[1] Véase el capítulo: "Incursión política: Felipe Calderón le 'jugó chueco'", página 127.

Estampas infantiles

A sus diez años, en 1984, Rosario Inés, la tercera hija de Miguel Ángel, la menor y única mujer, hoy pasante del doctorado en Historia del Arte en la Universidad de Harvard y así llamada por Rosario Castellanos y sor Juana Inés de la Cruz, le dijo a su padre en la carretera de Pachuca a México: "Detesto cómo te trata tu familia". "¿Por qué?", preguntó el padre sin imaginar la respuesta lapidaria de su niña: "Porque creen que eres Dios".

Y en efecto, sin ser el primogénito, ni el benjamín, tampoco el único hijo varón, fue el consentido desde niño, "el comodón" como dice él, como si la familia hubiera detectado en ese pequeño inteligente y contestatario a quien le daría fama y renombre por su implacable compromiso para destripar realidades con la palabra precisa.

"Por puro azar, bendito para mí, fui un niño consentido de mi madre y de mis hermanos. No hay razón objetiva para que así fuera –dice quien intuye que así se llama por Miguel Ángel, el pintor–. Fui el preferido desde siempre, aún antes de que se dieran cuenta de que era yo abusado. Mi mamá, que era muy alentadora, siempre me dio libertades que no le dio a mis hermanos, como estudiar y permitirme elegir a mi madrina de primera comunión, algo impensable en una sociedad tradicionalista como en la que yo crecí".

Nació el 10 de marzo de 1941, en Hidalgo. Fue el tercer hijo de seis engendrados por su madre, el primero y el último murieron antes de un año, y quedaron: Horacio Augusto, Emelia Ofelia, Miguel Ángel y Armando, a quienes se sumó desde siempre Elbecia, su prima y "hermana mayor". "A Elbecia la crió antes de tenernos a nosotros, es hija de una hermana suya que murió trágicamente", señala.

Vivían muy humildemente en una vecindad de la colonia Morelos, en Pachuca, en cuyas calles de tierra corrían las aguas negras del drenaje a cielo abierto y donde Florinda Chapa Díaz, madre de Miguel Ángel, cosía ajeno y atendía un expendio de pan. "A veces, siendo un pequeñito, mi mamá me dejaba al pendiente del expendio de pan", dice. Su honra era ser también maestra de un preescolar propio: "La Escuela", donde enseñaba a cerca de cuarenta niños, entre ellos a Miguel Ángel, que a los cinco años aprendió a leer y a escribir.

Su madre le legó su reciedumbre moral y ética, es la heroína de su vida, una mujer que sin formación académica fue maestra durante más de ochenta años. Se refiere a ella como "mujer arrinconada y frágil", califica su dulzura como enérgica.

En los años treinta, el gobierno propiciaba que las haciendas que iban a ser fraccionadas para el reparto agrario tuvieran obligatoriamente escuelas para ampliar la cobertura educativa. Doña Florinda, cuando era una niña de trece años, fue contratada como profesora en una hacienda de Hidalgo, cerca de Zumpango.

Cuenta Miguel Ángel: "Ahí conoció a mi padre, un campesino, dirigente agrario y ejidatario con una pequeña parcela. No era próspero, vivía muy precariamente. Era uno más de los acarreados del PRI que iba a mítines, como tantos otros campesinos que esperaban recibir su tierra. Ahí se liaron, nunca se casaron. Fue una relación larga y tuvieron muchos hijos que jurídicamente nunca tuvo que reconocer. En el Registro Civil de Pachuca o el de Mineral del Monte, donde nací, había una gran laxitud y admitían la palabra como ley; por eso todos llevamos el apellido de mi padre sin necesidad de ostentar un certificado matrimonial. Pero mi madre no mentía: fuimos hijos naturales".

Cuando Miguel Ángel tenía cuatro años, su madre estuvo a punto de morir. Embarazada, llevaba varios días con el bebé muerto en su seno. Él no recuerda haberse preocupado, pero tiene fresca la llegada del doctor Lagarde para trasladarla en su llamativo coche al hospital. A la colonia Morelos entraban escasos automóviles, las calles estaban sin pavimentar y siempre que entraba un coche era una novedad para la palomilla de niños que gozosos comían el polvo que el auto levantaba a su paso.

"Aunque la causa era atroz, porque el doctor venía por mi madre muy enferma, estábamos felices cuando vimos el coche que tenía una especie de repisa para choques traseros, una defensa distante de la carrocería que era casi un asiento, una invitación a que nos subiéramos de mosca. Por eso era bienvenido. Pudo más en mi ánimo de niño ver que venía el coche, que la razón por la cual venía".

Su abuela y su hermana mayor Elbecia estuvieron a cargo y la madre, que tenía afición de cantar, regresó pronto a casa. Miguel Ángel la recuerda cantando "Anoche a las dos" de Gardel, un tango trágico que narra el balazo que le propina un hombre decente, trabajador en una imprenta, a su mujer infiel: "¡Gata!, con un arañazo/ pagás mi amor, inconsciente,/ no merecés ni el balazo/ que un hombre decente/ te acaba de dar".

Miguel Ángel creció en las calles del barrio y doña Florinda, sabiendo la fascinación del pequeño por la música, cuando la banda de Les Baxter tocaba en la radio "Tango azul", le gritaba para que suspendiera sus juegos, corriera a la casa y tuviera el placer de escuchar aquella melodía francesa, aunque sólo gozara los últimos trompetazos. A Miguel Ángel lo tenía en una mano, a todos sus hermanos en la otra. Para él estaba destinado estudiar, tener un futuro.

De su padre, Dionisio Granados Mendoza, casi no habla. Resiente su irresponsabilidad, tenía varias casas y sólo de repente iba a visitarlos. "Me chocaba una expresión suya: 'yo le ayudo a tu mamá'. No sentía obligación económica. No le guardé coraje, sí indiferencia", señala. "A nosotros nos habían hecho creer que no vivía con nosotros por la naturaleza de su trabajo: agricultor que cultivaba alfalfa en su parcela en Actopan. En algún momento nos quedó claro que no era así: no éramos su única familia. Ahí establecimos distancia".

Miguel Ángel no tardó en confrontarlo. Había construido un cajoncito para bolear y cuando ocasionalmente iba su padre a visitarlos, le boleaba sus zapatos. Un día mientras lo hacía, su padre leía el periódico *La Prensa*. "Me hizo un comentario: 'Mira qué mentiroso'. Leía la columna política de Roberto Ramírez Cárdenas. Yo estaba inclinado en el suelo. Le repliqué: '¡Mira quién habla de mentiras!'. Él reaccionó instintivamente, lanzó una bofetada que no me dio. Los dos sabíamos de qué estábamos hablando, y ahí se quedó. Supo que yo, como mis hermanos, estaba al tanto de su situación y de la nuestra. Nunca más lo enfrentamos".

Cuando Dionisio Granados murió en 1965, Miguel Ángel tenía cuando menos tres años de no verlo, e inconforme con su propio estoicismo, le confió a Buendía que se sentía mal porque no sentía dolor ni pesadumbre. Le inquietaba su indiferencia. "Hablamos de la relación con mi padre, de la relación paterno-filial en general. Buendía era muy buen padre. Comimos en algún lugar de la Zona Rosa y caminamos en Reforma, entre el monumento a Cuauhtémoc y el de los Niños Héroes, seis horas de ida y vuelta hablando, fue muy aliviador. Me hizo entender que en las circunstancias de mi padre, era difícil exigirle una conducta distinta de la que tuvo. Era un hombre movido más por instintos animales que por móviles racionales. Procreaba y seguía su paso".

A pesar de ello, doña Florinda siempre lo aceptó. Cuenta Granados Chapa que cuando en 1981 recibió el Premio Nacional de Periodismo por vez primera, un medio hermano, hijo de su padre, mucho mayor que Miguel Ángel, le organizó una gran comida en su rancho en Hidalgo para festejarlo. Ahí se vieron doña Florinda y doña Nicolasa, la madre del dueño de la hacienda, que no tenían rivalidad alguna. Pasaron horas aisladas. "Entre burlas le preguntamos luego a mi madre si habían estado hablando de mi padre y respondió que sí. Mi padre era capaz de generar el amor de ambas. Y hubo varias mujeres más, tengo más medios hermanos. Algunos que ni siquiera conozco y de cuya existencia sé. En una paradoja terrible, mi padre acabó finalmente casado por vez primera con una mujer con la que no tuvo hijos".

Para mantener la casa, casi todos los hijos trabajaron desde muy pequeños y sólo Miguel Ángel tuvo oportunidad de estudiar. "Yo trabajé hasta que fui universitario, ése fue mi privilegio. Mi hermano Horacio laboró desde los seis años en la zapatería de mi tío Alfonso, hermano de mi madre. Luego, en otra zapatería. A él le debo mi manutención en México para poder ir a la universidad, una deuda enorme que he tratado de resarcir".

Ser periodista

El 5 de marzo de 1953, Miguel Ángel corría por los pasillos de la primaria vociferando que Stalin había muerto. "Iba yo gritando la noticia, pero a nadie le importó, nadie sabía quién era Stalin". La fascinación por la información viene desde niño. El tío Gilberto, obrero textil y hermano de su madre, compraba periódicos que Miguel Ángel leía a cabalidad y, luego, en los noticieros radiofónicos saciaba su interés de estar al tanto de lo que ocurría en el mundo.

En su casa no había libros, si acaso los de texto, pero ello no fue impedimento. En tercero y cuarto de primaria, su maestra Carmen Alvarado, su madrina de primera comunión, lo invitaba a leer en las tardes en su casa los tomos de *México a través de los siglos* de Vicente Riva Palacio, de Editorial Cumbre. "Ella alentaba este discurso de generosidad a los liberales en aquellos libros inconvenientes: verdes, grandes, preciosos. Era una típica profesora de la República: liberal, laica y supongo que no estaba casada con su marido. No tuvo hijos y me acogió. Por donde andaba era yo consentido".

La maestra Alvarado lo ponía a redactar discursos cívicos para honrar a Morelos, "santo patrono del pueblo", y desde la primaria Granados Chapa era el orador de la clase cada 30 de septiembre, aniversario del nacimiento del cura Morelos. La colonia Morelos, aunque cercana a Pachuca, era como un pueblito en el que la vida comunitaria giraba físicamente en torno del Jardín Morelos y cívicamente en torno de la figura de este prócer. En la fiesta había carreras de caballos, rifas. "Se volvió entrañable Morelos, lo llegué a conocer a fuerza de escribir sobre su vida y hablar en público de él", afirma.

Ya en la adolescencia, se había decidido que al igual que El-becia y Emelia, Miguel Ángel estudiaría la carrera de Comercio, sería secretario taquígrafo o contador privado. En la caja de la Academia Yrigoyen, a sus doce o trece años, Miguel Ángel convenció a su mamá de que lo inscribiera en la secundaria. Ella alegaba que no tenía sentido, era parte de un proceso que no iba a concluir.

Su madre lo inscribió en la Escuela de Enseñanzas Especiales Tipo A, número 15, secundaria para hijos de trabajadores, la de gente más humilde en aquella Pachuca clasista. Miguel Ángel fue el alumno más destacado de su generación, sólo las matemáticas eran "su coco", pero supo arreglárselas: "Mi buen amigo Luis Manuel Ángeles, buenísimo para las matemáticas, supongo que a la hora de los exámenes metía la mano para ayudarme. No me acuerdo bien, tiendo un velo en mi beneficio".

Destacó en oratoria, siempre ganaba los concursos. Sus compañeros recuerdan especialmente su discurso sobre el uso de la energía atómica, en el que la claque, que favorecía a otro contendiente, hacía un ruido ensordecedor cuando Miguel Ángel hablaba. Los calló diciéndoles: "¡Silencio, prófugos del arado!". Hoy remata: "Quería yo decirles: '¡Cállense, bueyes!', pero busqué una forma más elegante".

Durante sus vacaciones trabajó como mozo en una fundición y en la imprenta del periódico *El Observador*, donde hacían volantes. Había sido el único periódico exitoso en los años treinta o cuarenta en Pachuca y cerró por avatares políticos, pero permaneció como imprenta. "Era un lugar maravilloso. Había dos cosas que me fascinaban: formar los tipos móviles, y entintar y manejar la prensa", rememora.

Al terminar la secundaria estuvo a punto de cambiar el rumbo de su vida y ser militar. El hermano de uno de sus amigos era subteniente y su cuñado era teniente, y conoció las ventajas salariales de la carrera militar que, al cabo de tres años, permitía percibir casi veinte veces más de lo que ganaba su hermano Horacio trabajando en una zapatería. Alentado por la posibilidad económica, se inscribió en 1958 en el Colegio Militar. Sin embargo, desde las novatadas que duraban casi seis meses de golpes y humillaciones con las que se ganaba el diploma de Potro, entendió que esa clase de disciplina no era para él.

"No toleraba saber que la persona que tenía poder sobre mí era menos inteligente que yo. Tenía que acatar sus órdenes por el simple hecho de ser su subordinado. Había un teniente oaxaqueño que decía: 'Taconis, metan taconis', para indicar que pisáramos firmes. Un hombre muy tonto, no porque hablara mal, sino porque era tonto. Era mi superior. En mayo me fui, no aguanté, no completé ni siquiera la novatada".

¿Qué hubiera sido de su vida si hubiera perseverado en la carrera militar? Responde: "Nunca lo he pensado. Pero una contestación de mi madre me hizo pensar qué habría pasado si no hubiera ido a la secundaria. Un día, en que festejaba algún logro profesional mío, le dije: '¡Y tú que querías que fuera contador!'. Ella contestó con esa confianza desmedida en mi persona: 'Si hubieras sido contador, hubieras sido el gerente del banco'". Siguiendo esa línea de pensamiento, Miguel Ángel se burla y aventura: "Si hubiera estudiado para militar, quizá sería: ¡el secretario de la Defensa Nacional!".

Miguel Ángel, portando el uniforme, se escapó del Colegio Militar saltándose las bardas. Su madre, gozosa de que volviera, lo obligó a regresar uniforme y botas, salvándolo así de ser un desertor porque la baja aún no se aplicaba. Para cursar la preparatoria se inscribió en el Instituto Científico Literario Autónomo, porque tenía ya en la mira ser periodista. Y comenzó a serlo en el *Sol de Hidalgo*. Tenía con su amigo Arturo Herrera una columna, Phosil, donde narraban los sucesos cotidianos de la prepa. Aunque no lo reconoce, ése fue el inicio de "hacer la información". No era una columna firmada, pero sus compañeros reconocían al autor: Phosil H era Arturo Herrera; Phosil G por Granados, era Miguel Ángel.

En aquella preparatoria lo determinó también la cercanía con el Dr. Pedro Spínola, maestro de Literatura Universal y dueño del único laboratorio de análisis clínicos en Pachuca, quien compró la Librería Principal para renovarla, porque sólo tenía libros polvosos y viejos. "Me prestaba los libros, a condición de que no los abriera mucho, para que siguieran siendo nuevos y, en V, es decir, apenas abriéndolos, leí cinco libros de la Colección Letras Mexicanas: *Casi el paraíso* de Spota, *Confabulario* de Arreola, *Juan Pérez Jolote* de Ricardo Pozas, *El llano en llamas* de Rulfo y *La región más transparente* de Fuentes". Además, con su apoyo, pusieron en escena la obra de teatro "Las cosas simples" de Héctor Mendoza. Miguel Ángel fue asistente de dirección y actor secundario: pandillero.

El tránsito natural de la preparatoria fue la universidad. El profesor Serafín Threbetan, profesor de Sociología, organizaba unas tertulias los sábados en el Casino Español, para hablar de arte y temas humanos. No contaba para la calificación. Miguel Ángel se hizo asiduo. Recuerda: "En el curso de la conversación, el profesor percibió cuáles eran mis intereses y un día vino con una guía de carreras universitarias, una publicación escrita por el doctor Jorge Derbez, un psicoanalista reconocido. 'Esto le puede interesar', me dijo, mostrándome la descripción de la carrera de Periodismo en la UNAM. Tenía escasos años de fundada y me deslumbró, comprobé que eso era lo que yo quería hacer".

Para no provocarle insatisfacción a su madre, optó también por Derecho, profesión más prestigiada. Periodismo y Derecho. "No cedí a ninguna presión, porque nunca me la hicieron ni mi madre ni mis hermanos, pero me pareció justo compensarlos de alguna manera porque ellos pagarían mi manutención durante mi estancia en México. Sentí que había una desilusión con Periodismo, carrera desconocida, y, por eso, opté por las dos. Fue enriquecedor y placentero, eran mundos diferentes que se complementaban", señala. De siete a once de la mañana iba a Derecho y a las cuatro de la tarde empezaba en Ciencias Políticas. Entre actos hacía tareas en la Biblioteca Central. No había tiempo para nada más.

Primeras lecciones vitales

A la mala, al terminar ambas carreras aprendió una lección que le serviría a lo largo de la vida: el talento requiere humildad. A mediados de 1960, Miguel Ángel quiso unirse en matrimonio con su novia Marta Isabel Salinas, normalista hidalguense, con quien estuvo casado doce años y quien llegaría a ser madre de sus tres hijos. Doña Florinda lo increpó: "Tienes pendiente recibirte".

Para cumplir, decidió hacer al vapor su tesis de Periodismo con el título: "Hacia una ciencia de la información", sin imaginar que tendría que hacer una segunda tesis porque su profesor Henrique González Casanova se la rechazaría. Miguel Ángel se justifica: "No fue porque estuviera mal hecha. No le caía bien a González Casanova y fue un desafío irresponsable de mi parte no atenerme a las regulaciones de la universidad. Dicté al esténcil directamente, no hice un borrador a máquina que revisaran los profesores y que me permitiera obtener la autorización de la facultad".

Con la tesis impresa, pidió que le asignaran un jurado. Fue buscándolos uno a uno para que se la firmaran y todos la fueron aprobando: Jacobo Zabludovsky, a quien no conocía entonces; sus maestros: Fedro Guillén, María del Carmen Ruiz Castañeda, Fernando Solana y Mario Rojas Avendaño. Cuando llegó el turno al último, Henrique González Casanova, dijo: "Esto no es válido, hay que seguir las formas y yo no acepto esta tesis".

Granados Chapa rememora: "Me peleé con él, era el jefe del departamento de Comunicación. Mi tesis no era ni mejor ni peor que las habituales, pero si me quería recibir tendría que hacer una nueva". González Casanova había sido su maestro y según asevera Miguel Ángel, desde siempre se cayeron mal: "Teníamos una sensación recíproca de antipatía".

Enseñaba Redacción de Artículos y Editoriales, una materia que a Miguel Ángel le gustaba especialmente. El grupo era pequeño, seis alumnos, y el único que aspiraba a ser periodista era Miguel Ángel. Llegó el día del examen. González Casanova dio cuatro temas para escribir un artículo. "Yo caí en la provocación o en el desplante infantil, que quizá tenga que ver con la falta de reconocimiento paterno, y redacté los cuatro textos en el tiempo que mis compañeros escribieron uno. Cuando nos juntó para entregar calificaciones se saltó mi nombre. Era yo el primero de la lista y empezó por dar las calificaciones de mis cinco compañeros. Ocho para casi todos. Luego espetó: 'Granados, seis'. Le respondí: 'Eso no es cierto'. 'Tiene seis'. No dijo por qué". En la boleta le puso diez y una nota: "El talento requiere humildad".

Para la siguiente tesis, más descriptiva que analítica, estudió los periódicos, escribió la historia de la sección editorial en el mundo y en México, y comenzó a enfilar su rumbo al artículo de opinión. Su suerte fue estudiar en la Escuela Nacional de Ciencias Políticas y Sociales, que en la década de 1960 vivió su edad de oro. Pablo González Casanova, el hermano de Henrique, era director de la facultad, y la planta docente incluía a Enrique González Pedrero, Víctor Flores Olea y Ernesto de la Torre, por quien Miguel Ángel hoy ocupa la silla en la Academia Mexicana de la Lengua.

"De la Torre fue mi maestro de Técnicas de Investigación Documental y su espíritu sigue presente en mi trabajo. Me enseñó a tener rigor en la investigación, a hacer constar los resultados en fichas. Ya no hago fichas, pero antes, como paso previo a un texto, siempre las hacía. Me enseñó el modo de buscar: saber dónde encontrar y cómo consignar los resultados de la investigación".

Otro de sus maestros fue Fedro Guillén, a quien recuerda como "un santo dulcificado que caminaba como si flotara, con la mirada en el cielo". Enseñaba Redacción de Nota Informativa pero, como nunca había sido reportero, daba lecturas y los incitó a leer a Romain Rolland, León Tolstoi, José Vasconcelos, Martín Luis Guzmán. "Hablaba de los libros y los autores, con la creencia de que la nota informativa podíamos aprenderla en otro lado, en algún manual, en cambio lo suyo eran sabrosas lecciones de humanismo".

Quizá el más determinante fue Fernando Solana: "moderno, con una visión hacia adelante", quien les recomendaba leer revistas extranjeras: *Time* y *L'Express*. "Continuamente nos calaba, quería saber quiénes éramos sus interlocutores", recuerda Granados Chapa. Desde el primer día, a sus seis alumnos les puso un cuestionario de cultura informativa: ¿Quién es el primer ministro de Israel?, ¿El PIB de México?, ¿Qué significa UNASUD?.

"Yo sabía mucho más que mis compañeros, que estaban ahí por algún equívoco. Solana me vio con interés, con amabilidad, y me separó del grupo. Muchas veces la clase me la daba a mí. Andando el tiempo, me hice su adjunto y, luego, me invitó dos veces a trabajar con él: en Informac y luego en Radio Educación". Con él comparte Miguel Ángel una amistad de medio siglo, siempre con el formalismo de hablarse de usted.

Informac de Solana

Cuando Miguel Ángel llegó a Informac en 1965, era un hombre formal de traje, corbata y gruesos lentes de pasta negra. "Con uno de mis primeros sueldos de *Crucero* dejé los harapos, me compré un traje más elegante, no uno de esos de pésima calidad que por cien pesos compraba antes en La Explosión, una tienda en República de Brasil", recuerda. Antes sus trajes eran oscuros, hoy se da el lujo de comprarlos de marca y más modernos; asimismo, cambió sus lentes de pasta por unos Bulgari, ligeros y a la moda.

En Informac, sin tener conciencia de ello, sembró las bases de su columna, su Plaza Pública. Miguel Ángel, jefe de información, dirigía de hecho la oficina, inclusive atendiendo aspectos administrativos. Ahí hacía dos servicios periodísticos semanales: La Semana Económica y la Carta de Información Política (CIP), un análisis de los acontecimientos políticos, germen de su trabajo futuro. Informac los vendía a distintos periódicos, como *El Día*, que compraba La Semana Económica con información sobre la Bolsa, los movimientos bancarios, las empresas, la economía pública, las finanzas, Hacienda. Para hacerla, Miguel Ángel tenía dos reporteros a su cargo que iban a lo que entonces era la Bolsa de Valores de México, un despachito en la calle de Uruguay con tres agentes: Carlos Slim, Roberto Hernández y Onésimo Cepeda, que tuvo vocación sacerdotal tardía.

En Informac se fueron abriendo escenarios y ahí hicieron las primeras encuestas de opinión que hubo en México. Solana subcontrataba servicios y también hizo encuestas de mercadotecnia. Entre sus clientes estaban: Gillette, el Seguro Social y la

Unión Nacional de Productores de Azúcar, a quien le hacían una revista y sus boletines de prensa.

En mayo de 1966, Solana fue nombrado secretario general de la UNAM por el rector Javier Barros Sierra y, en lugar de ascender a director de Informac a Miguel Ángel, que de hecho lo era, nombró a Luis Lezur, el contratista de las encuestas que nada sabía de periodismo. Solana se justificó con Granados Chapa: "Está usted muy joven". No obstante que Solana sería secretario de la UNAM también muy joven, a sus 32 años, le parecía que generaría desconfianza que un muchacho de 24 años fuera quien firmara los importantes contratos que Informac manejaba y que amparaban grandes sumas de dinero.

Miguel Ángel renunció. Solana le pidió que se quedara como subdirector, le insistió: "No nos podemos ir los dos al mismo tiempo".

La relación entre director y subdirector se fue tensando, hasta que Miguel Ángel, un hombre pacífico, un buen día le mentó la madre a Lezur. "Nunca he vuelto a mentarle la madre a nadie. Estaba harto. No era yo el director y actuaba como si lo fuera. En algún momento Lezur se quiso meter en algo periodístico, no lo dejé y nos hicimos de palabras. Mi estado de ánimo agrandó el problema, llevaba seis meses aguantándolo. Acabé de estar, como dice Vicente Leñero refiriéndose al lenguaje de las sirvientas, y me quedé sin empleo justamente a unas semanas de mi boda con Marta Isabel".

Los inicios en *Excélsior*

Miguel Ángel entró a *Excélsior* en diciembre de 1966, pensando que ahí se jubilaría. Su primer trabajo fue como corrector de estilo en la mesa de redacción. Carlos Camacho, reportero de Deportes, dijo en una reunión de amigos, sin saber que Miguel Ángel estaba sin trabajo, que se había abierto una plaza. Se presentó, lo probaron dándole a revisar un tambache de originales y lo emplearon inmediatamente. Tan pronto, que a la siguiente semana tuvo que pedir vacaciones para irse de viaje de bodas a Tequisquiapan y Guanajuato.

Víctor Velarde, que era el subdirector de *Excélsior*, y Arturo Sánchez Aussenac, jefe de redacción, lo alentaron inicialmente. "Me impulsaron con ese apapachamiento que me ha ocurrido tan seguido en la vida. Se encantaron con mi trabajo y me dieron oportunidades de desarrollo casi inmediatamente. A los dos años estaba como si fuera un viejo cooperativista. Hacía yo muy bien mi trabajo y les gustaba a los jefes".

Lo apoyaban inclusive en contra de los dinosaurios del periódico. Recuerda, por ejemplo, que Manuel Mejido, una gran figura de entonces, entró un día a la redacción pidiendo su texto para añadirle algo. Miguel Ángel lo estaba corrigiendo.

Recuerda la anécdota: "Mejido era un pésimo redactor. Entró con el garbo de quien tiene alto aprecio por sí mismo. '¿Quién tiene mi texto?', preguntó. Se lo di y se incendió. Se puso furiosísimo porque lo había puesto al derecho. Enloqueció: '¿Quién cree que es usted para hacer esto?'. Sánchez Aussenac se acercó: '¿Qué te pasa Manuel?'. 'Mira lo que hizo este corrector con mi original', espetó. Sánchez Aussenac leyó el texto y me lo dio a mí. Le dijo: 'Deberías de darle las gracias'. Mejido se fue ufano, nunca tuvimos buena relación".

Muy pronto empezó a hacer las otras funciones que se hacían en la mesa: diagramar, hacer cabezas, reescribir, redactar editoriales sin firma. Eran tiempos de definición en *Excélsior*. Julio Scherer acababa de ser elegido director en agosto de 1968.

"Sin temerla ni quererla, quedé del lado del perdedor. Scherer contendió contra Víctor Velarde, mi jefe inmediato", señala. Granados Chapa no participó en la campaña porque todavía no era miembro de la cooperativa. A Scherer lo conocía relativamente, era el subdirector editorial y entraba de tanto en tanto a la mesa a recoger los editoriales para llevarlos al taller. Lo conocía como lector de tiempo atrás y lo admiraba especialmente por *La piel y la entraña*, la entrevista que hizo a Siqueiros en la cárcel.

Excélsior cambió inmediatamente. Víctor Velarde salió de la mesa y, como dice Granados Chapa, "se cayó para arriba": lo hicieron director técnico, un cargo sin funciones. Había tres reporteros sobresalientes, muy amigos entre sí: Julio Scherer, Manuel Becerra Acosta hijo y Alberto Ramírez de Aguilar, que era de notas policiacas. Ese trío, cuenta Miguel Ángel, fue llamado a ser cabeza de área, junto con Hero Rodríguez Toro, ayudante de Scherer.

La suerte de Granados Chapa fue incidental. Arturo Sánchez Aussenac dirigía un *magazine* a color de amenidades y mandó a Miguel Ángel de mensajero para entregar el inventario al nuevo equipo, encabezado por Eduardo Deschamps. En voz de Miguel Ángel: "El *magazine* era muy malo, don Arturo no tenía mucha imaginación periodística y se limitaba a presentar reportajes de pueblitos perdidos. Deschamps por el contrario era un cuate loco, muy imaginativo, prometía transformar la publicación. Cuando llegué, Scherer estaba en la oficina de Deschamps. Mientras les entregaba los materiales, ellos estallaban en carcajadas. '¿Cómo se le ocurre a Arturo comprar esto?', 'Mira esta tontería de Arturo...', se burlaban de todo. Me pareció desagradable y le dije a Scherer: 'Con todo respeto, se me hace impropio que hagan comentarios sobre una persona ausente'. Se me quedó mirando y me respondió: 'Tiene usted razón'. A partir de ese momento tomaron nota sin emitir un solo comentario más".

Unos días después lo invitaron a escribir con su firma en *Últimas Noticias* de *Excélsior*. "Estoy seguro que si la idea fue de Hero o de Miguel López Azuara, Scherer fue quien aprobó esta iniciativa", reconoce.

A partir del 12 de septiembre de 1968, el mismo día que nació su primogénito Luis Fernando, Granados Chapa se inició como articulista. Fue tres semanas antes de la Matanza de Tlatelolco y en un entorno de franca coerción gubernamental. Su texto planteaba la posición de un grupo de sacerdotes contra la represión y alguien le quitó una línea. Puntualiza: "Supongo que fue por censura, porque yo apoyaba el punto de vista de esos sacerdotes".

Aquel día, Fernando Solana le mandó una nota mecanografiada felicitándolo por su artículo en *Últimas Noticias*, y con su puño y letra añadió: "Y también por el nacimiento de su hijo". Ese fue el reencuentro con Solana tras la salida de Informac.

Los periodistas, en aquel 1968, vivían con miedo y prudencia, sabían cómo era el presidente Gustavo Díaz Ordaz. Ya había ocurrido la invasión a Ciudad Universitaria, las balaceras en el Politécnico y aún estaba fresco el bazucazo en la preparatoria de la UNAM. Muchos actos de violencia que corroboraban que el gobierno no tenía límites.

"Y luego, lo supimos después –recuerda Miguel Ángel–, Díaz Ordaz había llamado a Scherer para increparlo: '¿Hasta cuándo dejará usted de traicionar a México?'. Scherer, tomando una caja de cerillos que había en la mesa del despacho presidencial, le respondió: 'Yo no traiciono a México, simplemente usted ve una cara de esta caja y yo veo otra. Es cuestión de lo que vemos cada uno'. Había sido elegido director apenas un mes antes de la noche de Tlatelolco, y había una sensación de que no podríamos movernos con entera libertad".

Cuenta Granados Chapa que cuando Abel Quezada dibujó su cartón del 3 de octubre de 1968 –un cuadro negro con la leyenda: "¿Por qué?"–, discutieron mucho si debían o no publicarlo. "Causó mucho enojo. Los gobernantes esperaban una adhesión completa, un aplauso, porque según ellos nos habían puesto a salvo de la conspiración comunista. Y nada que no fuera plena adhesión era soportable". Añade que Scherer dejó de publicar un artículo muy crítico de Alejandro Gómez Arias, quien se molestó y dejó de escribir en *Excélsior*.

Granados Chapa comenzó a firmar en *Excélsior* con sus dos apellidos, como hoy se le conoce, por amor a su madre, pero también para diferenciarse de un político Miguel Ángel Granados que trabajaba en el PARM. "En el 2008 abrieron los archivos de Gobernación y recuperé mis fichas. ¡Cómo perdían tiempo y dinero! Mi fólder es enorme y en él revuelven la información del político con la mía. Desde mis tiempos universitarios, cuando yo participaba en el Partido Auténtico Universitario, un partido de izquierda cristiana, tenía a un policía siguiéndome. Yo ni sabía, supongo que era su modo de controlar. Para ellos, pasé de ser un joven revoltoso que apoyaba grupos sindicales, a ser un periodista que reunía fondos para fundar un periódico. ¡Reportaban tontería y media! ¡Es un desperdicio de cosas mal escritas e informes a medias! Lo curioso es que no hay fichas sobre mis textos. Sólo sobre mis ires y venires desde la década de 1960".

Escribir con firma fue un hito en su carrera. En *Crucero*, por política editorial, ni Manuel Buendía firmaba, y sólo en dos ocasiones, quizá por halagar a Miguel Ángel, Buendía le rubricó dos de sus artículos: uno sobre la necesidad de ofrecer educación a todos los mexicanos sin distinción y otro contra la venta de revistas pornográficas en Sanborns y Woolworth.

Muy pronto, Miguel Ángel era ayudante de Miguel López Azuara, subdirector editorial, y con la complicidad del trabajo se convirtieron en "los Migueles", como luego aparecerían en las páginas de *Los periodistas* de Vicente Leñero. Granados Chapa, como coordinador de opinión, arrastraba el lápiz en los artículos de gigantes como Daniel Cosío Villegas, Jorge Ibargüengoitia, Rosario Castellanos, Alejandro Avilés, Carlos Monsiváis, y lo hacía con educación y con su lenguaje cultivado que incluye expresiones como "socaire", "de suyo" y "arrostrar".

Las anécdotas se suceden unas a otras. Por ejemplo, don Daniel Cosío Villegas era un hombre consentido del director, sólo Scherer revisaba sus artículos. Desayunaban una vez por semana y ahí le entregaba su colaboración a Julio, quien no modificaba ni una coma, asegura Miguel Ángel.

"Una vez que estaba ausente Julio, yo leí el texto. Había un juicio sobre Octavio Sentíes, regente de la ciudad, un juicio grosero que desentonaba con el estilo general de don Daniel, quien jamás descalificaba personalmente a nadie. En aquel texto descendía a la minucia de decirle imbécil al regente. No aportaba nada. Don Daniel vivía en San Ángel. Fui a verlo, era demasiado personaje para una conducta burocrática. Le dije: 'Quisiera suprimir esta palabra que no lesiona la estructura del texto, no significa censura'. 'Tiene usted razón', respondió. No hubo ningún problema".

Otro día, en cambio, sucedió exactamente lo contrario con el sacerdote antifranquista vasco Ramón de Ertze Garamendi, quien había llegado a México como hombre de izquierda, pero se fue asentando en la iglesia mexicana, hasta ser canónigo prebendado de la Catedral.

"Su cargo nos daba mucha risa. Se volvió un hombre de poder y a medida que ascendió en la jerarquía eclesiástica se fue haciendo rabiosamente conservador. Escribía desde 1965 en *Excélsior* y, cuando las plumas más conservadoras se fueron del diario tras una lucha interna, don Ramón se convirtió en una especie de aval moral para el nuevo grupo. Gozaba de todas las consideraciones. Escribía diariamente de política internacional y asuntos espirituales".

Era cada vez más difícil lidiar con él, hasta que un día escribió un párrafo contra Enrique Maza, jesuita, primo de Scherer y quien también escribía en la página editorial. Cuando Granados Chapa lo leyó, dijo: "No pasa". Era un insulto, no una crítica. Reitera: "Un insulto críptico, sibilino y grosero que hería cosas de la vida privada de Maza". Fue a la iglesia de San Lorenzo, de donde era párroco Ramón de Ertze Garamendi, en

Allende y Belisario Domínguez, y le anticipó: "Vengo a avisarle que voy a quitar este párrafo". Se puso furiosísimo, como Mejido años atrás. Recuerda el periodista: "Me gritaba y ofendía, pero yo no dejé de insistirle que esa parte del texto no era ni razonable ni útil a la sociedad. Le advertí: 'Yo cumplo con avisarle. Mi función alcanzaría para quitarle el texto sin tener que notificarle, menos aún venir a su domicilio'. En ese momento se ablandó, se achicó como niñito regañado y aceptó".

Granados Chapa no frecuentaba el "Amba", como le decían al Ambassadeurs, restaurante glamoroso, ubicado a un lado de *Excélsior*, pasarela de políticos, artistas, toreros, intelectuales, pintores, escritores y periodistas, donde también comían Julio Scherer y Manuel Becerra Acosta. Él iba al "Tampico", un restaurante tradicional en la calle de Balderas, en donde convivía con Miguel López Azuara, Enrique Rubio y Jorge Ibargüengoitia, quien en las encuestas resultaba el más leído del periódico.

A Ibargüengoitia lo recuerda como un hombre simpático y dueño de sí, un intelectual que gozaba pitorreándose de sus tías que vivían con su madre y convirtiéndolas en personajes de sus obras. Señala: "Un día me llamó por teléfono para decirme que su madre estaba muy enferma: 'Se va a morir y no tengo dinero para enterrarla'. 'Yo deseo que no se muera –le repliqué–, pero si pasara, el periódico se hace cargo de ese gasto'. 'No sabe qué peso me quita de encima', suspiró. ¡Le importaba más el asunto económico que la suerte de su mamá! Así quedamos. Una semana después me llamó. Estaba yo en una discusión política en el periódico. Le dije: 'Permítame, don Jorge'. Tenía que responder algo y dejé el auricular en la mesa. Cuando lo retomé, me increpó: 'Ya lo oí, está usted haciendo grilla'. 'Dígame', respondí. '¿Se acuerda usted de lo que hablamos hace una semana? Pues ya ocurrió, ¿estamos en lo dicho?'. Ni siquiera pude darle el pésame, sólo quería escuchar el sí".

Viene también a su mente Ricardo Garibay, un fingidor, un impostor divertido. Pedía vino y rechazaba tres botellas por el gusto de hacerlo, decía que estaban agrias y resultaba muy simpático. Cuenta que un día Octavio Sentíes, jefe del Departamento del Distrito Federal en tiempos de Luis Echeverría, los invitó a comer a la oficina del gobierno y Garibay decidió estar en plan de adulador. Relata el hecho: "Sentíes, que no era muy lúcido, decía cosas comunes y, a cada expresión suya, Garibay pegaba en la mesa: 'Señor regente, eso es lo último de la filosofía de Wittgenstein'. Pasaba otro rato, Sentíes decía otra tontería, era un hombre insulso, y Garibay le replicaba: 'Debido a mi amistad con el presidente Echeverría he tenido la oportunidad de estar muchas veces con todos sus colaboradores, y debe usted saber que nunca, nunca, he oído de nadie pronunciar una expresión como la que usted acaba de decir'. Era pura falsedad, se divertía haciendo ese tipo de cosas. Al salir le dije: 'Oiga, se le pasó la mano'. Respondió: 'Claro que no, porque este año tendré asegurada una canasta navideña más grande que la suya'. Y tenía razón".

Las pugnas con Echeverría

Del golpe a *Excélsior* Granados Chapa tiene su historia, no contada, diferente de la conocida a través de los testimonios de la época o de libros como *Los periodistas* de Vicente Leñero, *Dos poderes* de Manuel Becerra Acosta o *Los presidentes* de Julio Scherer.

La suya arroja nuevos elementos. Si bien reconoce, como todos, la valía de Scherer, alude a su ingenuidad con los poderosos y al malicioso jugueteo con el que manipulaba a sus subordinados y que, según dice, contribuyó a generar una veta de discordia interna en el periódico que el presidente Echeverría aprovechó para asestar el golpe mortal.

La relación entre Granados Chapa y Julio Scherer era de una cordialidad distante y respetuosa. Este último apodaba a Miguel Ángel "el Licenciado", porque casi nadie que trabajara entonces en una redacción era graduado de alguna universidad. Todos se formaban en la práctica: en las redacciones y en las cantinas. Granados Chapa se distinguió de inmediato porque era graduado no de una, sino de dos licenciaturas, y por ello tenía más información, conocimientos de historia y de ciencias sociales.

Granados Chapa asegura que *Excélsior*, bajo la tutela de Scherer de 1968 a 1976, pasó de ser un periódico oficialista con reporteros amarchantados a sus fuentes y complacientes boletines de prensa, a ser un diario de investigación, riqueza informativa y ánimo de innovación.

Contextualiza la época: "El último día del gobierno de Díaz Ordaz brindamos en la redacción. Creímos que terminaba ese gobierno y venía la era de la libertad. Ése era el discurso de

Echeverría y nosotros, entre ingenuos y mañosos, le tomamos la palabra. Empezamos a ser más libres, mucho más que antes. Julio Scherer se había asentado como director, se habían apaciguado problemas internos que minaban su autoridad y adquirió el control completo de la Sociedad Cooperativa Excélsior. Se generó una dinámica virtuosa: más libertad hacía posible más libertad. Parecía imposible dar marcha atrás…".

Eran los tiempos de *Excélsior* en los que bastaba tronar los dedos para que los deseos fueran órdenes: libros traídos desde París, servicios internacionales, corresponsales en África o el Medio Oriente, entrevistas con el líder del mundo que se les apeteciera, la posibilidad de reproducir los textos que se publicaban en *Le Monde*, el *Corriere della Sera* o en el *New York Times*. Además, en las páginas editoriales del diario, se reunió al mejor equipo que haya habido en la historia de la prensa en México, editorialistas de todos los ámbitos: políticos, científicos, economistas y artistas que escribían sin cortapisas. No había límites ni restricciones a la libertad o a la creatividad.

Sin embargo, esa ilusa búsqueda de la verdad era demasiado buena para ser posible. El 2 de septiembre de 1971, al día siguiente del primer informe de Echeverría, las dos páginas editoriales aparecieron cargadas de crítica al presidente. Relata Granados Chapa: "Julio no estaba en México, había viajado a China. Yo organicé a los editorialistas, les ofrecí libertad de juzgar lo dicho por el presidente, estimulándolos a desmenuzar el informe con una visión analítica. La respuesta fue contundente: las dos páginas íntegras se referían al texto presidencial y ninguno de los escritos resultó benevolente al régimen. Cuando Julio regresó, me reprochó: 'Se nos pasó la mano'. Pero ya no era posible volver a la prudencia. Desde mi perspectiva, estábamos en el punto justo. Sin embargo, ahí empezó a gestarse la incomodidad de Echeverría y luego el enojo contra nosotros".

En 1972, la cúpula empresarial fue a ver al presidente Echeverría, muy quejosa, decía que iba a haber socialismo en México. Los empresarios le hicieron un rosario de quejas al presidente e incluyeron la conducta de *Excélsior*. Echeverría les azuzó: "Ustedes lo sostienen con sus anuncios". Los dueños de las grandes cadenas orquestaron un boicot y, de un día a otro, almacenes como Liverpool, Sears y otros negocios retiraron toda su publicidad de *Excélsior*, dejándolo sin liquidez ni solvencia económica.

Rememora Granados Chapa: "En ese momento, apareció el dios Echeverría: '¿Qué se te ofrece, Julio?', 'Anuncios, señor presidente'. 'Habla con Horacio' (Flores de la Peña, que manejaba las empresas públicas). Como el retiro había sido tan súbito teníamos problemas de liquidez y, al estilo de las películas, llegó Carlos Argüelles, director de la Lotería Nacional, con un portafolio lleno de billetotes. Se lo entregó a Scherer como anticipo de la publicidad que saldría. Y nos salvó".

Scherer, a diferencia de Granados Chapa, ingenuamente creyó que ello no tendría costo. "Decía: 'Echeverría no me puso condiciones'; pero era obvio. Echeverría mismo, después de que nos echó del periódico, llegó a decir: 'Se sobrentendía, yo no ayudo a un enemigo'. Quería que nos alineáramos. Yo nunca fui ingenuo. Le insistía a don Julio que Echeverría era un fingidor, un mentiroso profesional. Él se defendía: 'Yo nunca ofrecí nada a cambio'. Se lo decíamos varios de nosotros: Miguel López Azuara, Hero Rodríguez Toro y yo".

Luego, los industriales se dieron cuenta de que Echeverría les había tomado el pelo. Retoma Granados Chapa: "El presidente jugó chueco por todos lados, los empresarios se dieron cuenta que fueron manipulados y retornaron. Sólo así, dejamos de necesitar los anuncios del gobierno. Años después, cuando habíamos salido de *Excélsior*, Juan Sánchez Navarro nos invitó a una comida en la Cervecería Modelo y nos contó la historia. Echeverría los había inducido al boicot y cuando se dieron cuenta que habían sido utilizados, regresaron. Lo supimos de primera mano".

Durante el sexenio de Echeverría, *Excélsior* le perdió el miedo al autoritarismo oficial. Tenían una actitud dual: creían en el discurso democrático de Echeverría, pero no ignoraban su talante y su pasado. Se justifica Miguel Ángel: "Nos convino creer que como presidente iba a ser distinto que como secretario de Gobernación de un presidente autoritario. Él lo decía así e ingenuamente le creímos, nos mareó su simulación democrática, pero también mañosamente lo pensamos para hacer nuestro trabajo. Por eso se generó el antagonismo sordo entre nosotros y Echeverría, que al final estalló cuando nos echó".

Ya en 1975, señala Granados Chapa, era claro que estaban en riesgo porque Echeverría tenía pretensiones de prolongar su gobierno de cualquiera de dos maneras: promoviendo una reforma para la reelección o poniendo un presidente débil a quien pudiera mandar. Primero, intentó la reelección. Cuenta Granados Chapa que Jesús Reyes Heroles, presidente entonces del PRI, no quería a Echeverría y lo confrontó para evitar la reelección.

En sus palabras: "Para mi tesis doctoral sobre Reyes Heroles entrevisté en su momento a Luis Echeverría y le pregunté por qué no se querían. Respondió: 'Es que Jesús creía que yo era pendejo'. Y así era. Reyes Heroles desdeñaba a Echeverría, pero no pensé que tuviera tan cabal conciencia de esa opinión".

Reyes Heroles tuvo que salir al paso de la pretensión que tenía el presidente de modificar la Constitución para poder reelegirse. Hizo un discurso en Querétaro, en el aniversario de la Constitución, el 5 de febrero de 1975. Granados Chapa lo recuerda casi textualmente: "Aquellos aturdidos que pretenden la reelección, lesionan a nuestra revolución, niegan nuestras instituciones y ofenden al revolucionario Luis Echeverría. Hemos aprendido a legislar no para un hombre. Cuando lo hemos hecho, el resultado ha sido funesto –dijo en alusión al asesinato de Obregón–".

Excélsior le dio mucho vuelo a esas declaraciones y Echeverría enfureció contra Reyes Heroles y contra el diario. Antes habían tenido una diferencia pública en la que también el periódico fue instrumento de oposición al presidente. En 1973 ó 1974, Luis Echeverría había resuelto que el gobernador de Veracruz fuera un señor Carbonell que tenía muy mala fama.

A Reyes Heroles le parecía terrible para los veracruzanos y para el PRI, y Echeverría, para evitar su oposición, se anticipó mandando a destapar a su candidato en Veracruz antes del tiempo normalmente establecido. Reyes Heroles se inconformó y organizó una maniobra. Le pidió a Julio Scherer ser entrevistado y que le diera fuerza al texto publicado. Don Jesús le dijo a Ángel Trinidad Ferreira, el reportero de política: "Yo como veracruzano no he votado por Carbonell", en abierta oposición al designio presidencial, y ésa fue la cabeza principal de *Excélsior*.

Agrega Granados Chapa: "No sólo fue la cabeza de ocho columnas, sino que también hubo artículos y opiniones vertidos en distintas páginas del diario. Echeverría se vio obligado a cambiar de rumbo designando a otro candidato. Ganó el *round* Reyes Heroles, pero después se lo haría pagar Echeverría despidiéndolo de mal modo del PRI".

La tendencia autoritaria de Echeverría fue creciendo. Granados Chapa lo califica: "A partir de 1974 se comportó en la presidencia como lo hacía cuando fue secretario de Gobernación de Díaz Ordaz. Al destapar a López Portillo como candidato del PRI, nos dimos cuenta que su intención era tener un pelele, un presidente débil, y lo señalamos públicamente en el diario. Eso le molestó mucho a Echeverría". Lo advirtió Granados Chapa en su columna, asimismo Daniel Cosío Villegas y Gastón García Cantú en sus respectivos espacios editoriales.

La irritación de Echeverría fue creciente. Granados Chapa señala: "Practicamos nuestra libertad, sabíamos que pagaríamos la cuenta". Scherer recibía llamadas continuas de Echeverría y de Fausto Zapata, subsecretario de Información de la Presidencia, pero era muy hábil para evitar enfrentamientos.

Miguel Ángel ejemplifica hasta qué grado Julio Scherer sabía moverse con astucia en aquel entorno y, como muestra, cuenta una situación que sucedió en 1974. Antes de viajar a Chile clandestinamente, tras el golpe militar de Pinochet que derrocó y asesinó al presidente Salvador Allende, Scherer fue a informar al presidente Echeverría de su travesía. México ya había roto relaciones con Pinochet y, en una misión peligrosa, iba a entrar furtivamente y sin papeles a Chile. Sabía que si lo descubrían, podía provocar una situación diplomática delicada.

Narra: "Sin que yo entendiera claramente el porqué, me pidió que lo acompañara con Echeverría. Le dijo: 'En mi ausencia, lo que tenga que decirme, dígaselo a este señor'. No a Becerra Acosta, que era el subdirector formal del diario, a él no lo invitó. Yo ilusamente creí en aquel momento que era su señal ante Echeverría para informarle cuál era mi posición en el periódico: 'el hombre de confianza de Scherer', pero en realidad fue por pura maña. Era el típico comportamiento de Julio, hasta que se cegó. Fausto Zapata me llamaba creyendo que era yo el director. Él y yo nunca nos llevamos bien, pero tenía instrucciones de hablar conmigo. Me decía a qué quería el presidente darle vuelo y a qué no. Yo le respondía: 'tomo nota'. Y nada más tomaba nota porque yo no hacía el periódico, lo hacía Becerra Acosta y yo no era recadero de nadie. De modo que no ocurría nada de lo que sugería Zapata porque sus indicaciones se quedaban en mi fuero interno. Así se defendía Julio, bien sabía que yo no iba a ser mandadero de nadie. Ésa era su astucia".

La ceguera de Julio Scherer

Seis meses antes del golpe a *Excélsior*, el 31 de diciembre de 1975, Granados Chapa buscó a Julio Scherer al terminar la asamblea de la Sociedad Cooperativa Excélsior y al ver el resultado, muy dolido, le dijo con palabras que recuerda con cabal exactitud: "Acaba usted de cometer un gran error apoyando a Regino (Díaz Redondo). Más temprano que tarde se va usted a dar cuenta quiénes son sus amigos. Usted está propiciando con esto la derrota del periódico, lo van a echar, más pronto que tarde lo van a echar. Cuando eso ocurra, yo me iré con usted, pero al llegar a la puerta le preguntaré para dónde va. Si me dice que va para Donato Guerra, yo me iré para Bucareli; si me dice que para Bucareli, yo voy a irme para Donato Guerra, porque estaré con usted todo el tiempo hasta que salgamos de aquí".

Palabras lapidarias. Hacían alusión al golpe y a la ruptura. De la puerta de *Excélsior* uno podía irse para esos dos lados: Donato Guerra o Bucareli, y con ese símil de las bifurcaciones urbanas, Granados Chapa dejó clara su sentencia a Scherer. "Ni me voy a quedar en el diario sin usted, ni voy a seguirlo después", como finalmente sucedió tras su salida de *Proceso*, decisión que Vicente Leñero tanto le recriminó a Granados Chapa en *Los periodistas*. Severo juicio del que Leñero se exculpó ahora, casi cuarenta años después, en el homenaje a Granados Chapa en la UNAM, donde dijo públicamente: "Fui injusto. No supe entender su búsqueda. No respeté su decisión. No logré valorar lo que Miguel Ángel había sido como líder de muchos en *Excélsior* y en *Proceso*".

¿Qué pasó por la mente de Granados Chapa? Nunca lo reveló, sólo ahora lo explica: "Julio había jugado con fuego alimentando la idea de que yo, el Licenciado, como me apodaba, y Regino Díaz Redondo podíamos ser sus sucesores y él propició la rivalidad".

Granados Chapa asegura que Scherer tiene una fascinación por el mal: "Se lo he dicho, los malos le gustan". Como católico ferviente, fe en la que fue educado, aprendió a distinguir el bien del mal, le enseñaron a evitar el mal, pero, según Miguel Ángel, Scherer es un infractor. "No practica el mal porque es un hombre bueno, pero éste lo hipnotiza. Regino era el mal desde todo punto de vista".

Añade: "Cuando hablábamos en privado, me decía: 'Sólo Regino o usted'. Yo le respondía con coraje: 'Me ofende su comparación, es como si el presidente Echeverría le dijera que los periódicos que más le gustan son *El Heraldo* y *Excélsior,* porque respeta a sus directores. Usted no es igual que Gabriel Alarcón. Yo no soy igual que Regino'".

Granados Chapa le insistía que analizara quiénes eran los amigos de Regino y quiénes los de él. Apelaba a su buen juicio: "Mídanos sólo por eso". Asegura Miguel Ángel que los amigos de Regino dentro de la cooperativa eran "la bazofia", a diferencia de los suyos, que eran "lo mejorcito". Señala: "Yo valía en *Excélsior* por mis amigos, lo mejor del periódico estaba contra Regino. Julio se reía, no hacía caso. Eso era una prueba clara y contundente de quién era quien. Y sin embargo Julio, cegado, le hacía a Regino favor tras favor para agrandarlo".

El último día de diciembre de 1975, la Sociedad Cooperativa Excélsior celebró su asamblea anual y, entre otras cosas, se reunía para elegir a los dirigentes. Eran veinte cargos a escoger cada año.

El enfrentamiento en ese momento estaba dividido en dos grupos evidentes: el de Regino Díaz Redondo y el de Miguel Ángel Granados Chapa. "Llevábamos dos años de confrontación. Yo iba ganando terreno y Julio se mantenía al margen. Sin embargo, Regino, sintiéndose debilitado, fue a pedirle apoyo a Julio. Para empujarlo, Scherer cometió la torpeza de entrar a la asamblea del brazo de Regino, mandando un mensaje a los agremiados y coadyuvando a su triunfo".

La cooperativa era muy priísta, sabía leer las señales: la entrada de uno de los candidatos del brazo del director significaba que él era el favorito en ese momento. No había nada que agregar, la seña de afecto fue el mensaje y Regino ganó la elección. Puntualiza Miguel Ángel: "Desde ese momento supe que el control de la cooperativa quedaría en manos de Regino y que las horas las teníamos contadas. Echeverría bien sabía quién podía ayudarle a echar a Julio y lo aprovechó. Julio mismo se puso la soga al cuello. Le ofreció a Echeverría en charola de plata al cómplice interno que requería".

Esa noche del 31 de diciembre de 1975 fue cuando Granados Chapa confrontó a Scherer. Intuía el desenlace que poco tiempo después resultó funesto. Julio, sin embargo, lo desdeñaba: "Su problema, Licenciado, es que usted elige malos candidatos". Era su manera de justificar el triunfo de Díaz Redondo. Era también su manera de renegar de quienes estaban en la planilla de Samuel del Villar, porque a Samuel lo quería y respetaba, pero no a quienes contendían en su grupo.

"Regino me es fiel a muerte", machacaba con una sonrisa en el rostro. "Usted está totalmente equivocado", desairaba a Miguel Ángel. Inclusive, se tomó el tiempo de contarle a Granados Chapa una anécdota para probarle la acendrada lealtad de Díaz Redondo. Dijo que una noche, Regino estaba con su hijo en el Cine Paseo, ubicado entonces casi frente a *Excélsior*, y que al ver la luz encendida del despacho de Scherer, cerca de la medianoche, le dijo a su pequeño: "Ésa es la luz del despacho de Julio Scherer. Deseo que cuando tú vengas al cine con tu hijo puedas mostrarle la luz del despacho de Julio Scherer".

"¿Usted cree que Regino me podría decir eso si no lo sintiera?", le preguntó Scherer a Miguel Ángel. Éste respondió de tajo: "Por supuesto que se lo puede decir: es un adulador". Granados Chapa señala que de ese tamaño era su ceguera frente a Regino. Desde su perspectiva, el hecho mismo de que Regino se lo hubiera contado era en sí un detalle de mal gusto: "un engaño que Julio no percibía".

Por eso, Granados Chapa asegura que Scherer se cegó: "dejó de darse cuenta, flotaba en el aire". Estaba consciente de la importancia que iba cobrando el periódico, "robaleaba" como calificaba Samuel del Villar su capacidad de nadar como robalo para aprovechar cada una de las corrientes, pero descuidó la cooperativa que antes controló y eso fue su condena.

"Como el periódico se iba volviendo más incluyente, más presente en América Latina, la cooperativa le quedó chica y se desentendió de ella. Dejó de escuchar al grupo de su confianza, que éramos quienes hacíamos el diario, y dejó que las fuerzas se expresaran por sí mismas. Se olvidó de que su posibilidad de hacer el gran periódico que iba haciendo nacía del poder que debía mantener en la Sociedad Cooperativa Excélsior. Le entregó esa confianza a Regino Díaz Redondo, creyendo ingenuamente en él".

La ceguera de Julio con Regino era tal, apunta Granados Chapa, que una hija de Julio se llama Regina por él. Lo protegía desmedidamente, aún en situaciones que comprometían al diario. Recuerda que en 1974 Regino viajó a París y, desde ahí, mandó una nota que parecía una joya: una entrevista con los miembros de ETA luego de que ejecutaran el 20 de diciembre de 1973 al almirante Luis Carrero Blanco, quien después de haber ocupado diversos cargos en el gobierno franquista era presidente del gobierno de España durante la etapa final de la dictadura.

Regino aseguró a Scherer que entrevistó a los autores de la "Operación Ogro", como ETA llamó al magnicidio, sonadísimo entonces por la violenta espectacularidad del atentado en Madrid. Los miembros de aquella organización habían excavado un túnel en el que colocaron cien kilos de explosivos e hicieron volar, en absoluta sincronía, el coche de Carrero Blanco que estalló, salió proyectado por los aires y cayó en la azotea de un edificio anexo a la iglesia donde había asistido a misa momentos antes.

"Cuando Regino mandó el texto desde París, Julio estaba feliz", cuenta Granados Chapa. Estaban a punto de publicar el trabajo de Regino en *Excélsior* cuando Miguel Ángel constató que la "entrevista" era un plagio textual del libro *Opera-*

ción Ogro, que la escritora Eva Forest publicó en Francia bajo el seudónimo Julen Agirre, donde relató la preparación y ejecución del atentado. Díaz Redondo ni siquiera citaba la fuente.

"Fuimos Miguel López Azuara y yo a ver a Julio para mostrarle el texto fusilado, pero no quiso escuchar. Scherer adoraba a Regino y lo publicó tal y como llegó. Hasta se incomodó con nosotros", dice.

Dictamina: "Regino fue un protegido de Julio siempre. Era muy mal reportero, un hombre tonto, corrupto, drogadicto desde entonces y, en consecuencia, muy distraído en el trabajo porque su mente estaba concentrada en cómo conseguir dinero para obtener más droga. Y Julio le perdonaba todo. López Azuara y yo bromeábamos: 'Yo creo que se dan besos'. Así nos burlábamos porque Scherer lo beneficiaba de muchísimos modos, con exageración. Estoy seguro que no tenían ninguna relación amorosa, pero parecía. No había explicación…".

En 1976, casi en la víspera del golpe a *Excélsior,* Granados Chapa viajó a Vietnam al primer aniversario de la victoria sobre Estados Unidos, a la reunificación. Iba como huésped, pero actuó como reportero. Habían invitado a Scherer, aceptó, y a escasos días de la partida decidió que el Licenciado iría en su representación.

"Los vietnamitas estaban furiosos, era yo un achichinque, ellos querían tener en su gran celebración al director de *Excélsior",* arguye Granados Chapa, quien aprovechó su tiempo en Asia para realizar reportajes.

Como Granados Chapa estaba en Vietnam, Scherer decidió también mandar a Díaz Redondo de viaje: lo envió a Colombia. Señala Miguel Ángel: "Siempre nos ponía a competir. Mis textos eran reportajes y crónicas que aparecían en la página editorial, como si hubieran sido artículos de opinión; y los de Regino los publicaba en primera plana, como las notas principales del diario".

Gabriel García Márquez, tiempo después, le contó a Granados Chapa que Scherer le encargó que pusiera a Regino en contacto con las personas a quienes debía entrevistar en Colombia, y así lo hizo. "Y luego, unos meses después, me entero que este bandolero traicionó a Julio –se quejó el Nobel–. No sabes cómo me lo recomendó, cómo lo cuidaba, cómo me pidió que me encargara de conducirlo para que su viaje fuera exitoso y fructífero".

Scherer no entendió la traición de Regino hasta la una de la mañana del 9 de julio de 1976, cuando éste tomó la decisión de retirar la plancha de la última página del diario, en la que el grupo de Scherer publicaba un desplegado escrito por Miguel Ángel contra la invasión del gobierno de Paseos de Taxqueña.

Cuenta Granados Chapa que alguien llamó a Julio a su casa para avisarle lo que estaba haciendo Regino. Scherer pensó que le haría caso, que todo estaba bajo control. Ingenuamente telefoneó de madrugada a Díaz Redondo para pedirle que no retirara la plancha. "Hermano, hermano, ¿qué estás haciendo?", lo increpó. Sólo entonces se dio cuenta que su "hermano" era un traidor. La edición del 9 de julio se publicó con una hoja en blanco y para las seis de la tarde de ese día, Julio Scherer y su grupo ya estaban en la calle.

Granados Chapa y Julio Scherer salieron juntos de *Excélsior*. Se fueron juntísimos, hacia Donato Guerra, porque ahí estaban estacionados sus coches. Quedó para la historia una fotografía emblemática en la que Granados Chapa, de 35 años, levanta el puño en el umbral de Reforma #18, sede de *Excélsior*, en defensa de la libertad de expresión.[2]

Se fueron sin nada, se fueron enteros. "No teníamos a dónde ir –recuerda Granados Chapa–. Mi hija más chiquita apenas tenía tres años. La madre de mis hijos, con quien mantengo una relación amistosa muy grata, el día que nos echaron, que ni siquiera cobramos el salario semanal porque nos echaron un jueves, me dijo: 'No te preocupes, tenemos ahorros'. Yo ni sabía. Duraron como tres meses".

---

[2] Ver página 3 en la sección de fotos de este libro.

Granados Chapa hubiera podido quedarse, gente cercana a Regino trató de cooptarlo, sin embargo, pesaron los principios. Confiesa: "En la asamblea que provocó nuestra expulsión había volantes de un sector de los opositores a Julio, un sector de reginistas, que me pedían que me quedara. Decían que conmigo no era el pleito. Sin embargo, para mí era impensable permanecer con ellos. Siempre he pensado qué hubiera respondido mi madre, aquel 9 de julio cuando tempranito me llamó para condolerse por mi salida, si le hubiera dicho: 'Yo me quedé'. Hubiera sido una doble traición: a Scherer y a los principios que ella me inculcó".

En agosto de 1976, por intermediación de Fernando Benítez, se encontraron con Echeverría en Los Pinos. Acompañaban a Julio Scherer: Gastón García Cantú, Vicente Leñero, Samuel del Villar y Granados Chapa. De esta reunión recuerda: "Fuimos a la casa de nuestro enemigo, de quien nos echó. En la antesala de Los Pinos, sin preámbulos, Echeverría le espetó a Julio: 'No vayas a Washington'. Nos quedamos desconcertados, nadie sabía de qué hablaba. Creímos que íbamos a ser la voz cantante, que Echeverría tendría que escuchar nuestras quejas y, sin previo aviso, cambió la agenda de conversación y ese asunto, desconocido totalmente por nosotros, fue el tema principal de aquel encuentro".

El *Excélsior* de Scherer mantenía un corresponsal en Washington, Armando Vargas, un costarricense. En EUA, en los círculos del poder, fue muy impactante el golpe a *Excélsior* y el senador Edward Kennedy organizó una reunión para que Scherer fuera a explicar lo que había pasado. Armando Vargas se lo telefoneó a Julio esa mañana, llamándolo muy temprano a su casa. Ninguno de los acompañantes de Scherer conocía el contenido de aquella conversación. Acababa de suceder, escasas horas antes, Scherer aún estaba pensando en ello cuando Echeverría, diestro en métodos de espionaje e infiltración, estaba encima de él.

Cuenta Miguel Ángel: "Nosotros no entendíamos la conversación que estábamos presenciando. Echeverría tenía su servicio de escucha telefónica y con toda desvergüenza utilizó aquel diálogo, cuyo contenido sólo conocían formalmente Vargas y Julio, como tema de conversación. Julio no se dio cuenta y comenzó a justificarse. Entendió lo que pasó hasta que habíamos salido de Los Pinos".

Julio Scherer quedó especialmente dañado por el golpe, quedó devastado. Nunca había trabajado en ninguna parte que no fuera *Excélsior*. Lo desarraigaron de raíz. No había sido un director burocrático, sino un transformador al que despojaron de su obra. Argumenta Granados Chapa: "Necesitábamos rehacernos, no podíamos quedarnos tirados en la lona, derrotados. Mi obligación era seguir con él". Granados Chapa siguió a Julio, pero no por mucho tiempo.

Con las horas contadas en *Proceso*

Granados Chapa fue capitán de la batalla. El 8 de julio de 1976 los echaron y once días después, el 19 de julio, bajo su liderazgo, realizaron un mitin en el hotel María Isabel Sheraton. "Reaccionamos muy rápido, de no haber sido así, el efecto del trancazo hubiera sido peor, nos habrían silenciado para siempre. La respuesta de la gente nos permitió darnos cuenta que no estábamos solos, que no estábamos equivocados. Julio, sin embargo, no estaba en condiciones anímicas de encabezar el esfuerzo necesario en ese momento. Estaba devastado, víctima de la traición de su amigo. Alguien debía hacer algo para no quedarnos callados y me correspondió a mí hacerlo. Por eso me quedé...".

Aquel mitin fue abierto. Aunque sabían que rondaban decenas de policías, decidieron no imponer ningún tipo de aduana para poder lograr su objetivo: esparcir la información y vender acciones que les permitieran obtener suficiente capital para iniciar *Proceso*. Reunieron dos millones de pesos de acciones, propiedad de dos mil 500 personas. Además, para su sorpresa, Jorge Álvarez del Castillo, director de *El Informador* de Guadalajara, una semana después les dio un cheque personal de un millón de pesos, aclarando que lo hacía sólo por solidaridad, porque no necesariamente compartía la línea del grupo.

Así, el 6 de noviembre de 1976, tres semanas antes de que Echeverría dejara la presidencia, nació *Proceso*. El papel, distribuido entonces sólo por PIPSA, instrumento de censura del Estado, lo consiguieron subrepticiamente con un gesto personal de Alberto Peniche de *El Heraldo* y de Fernando Canales de *Novedades*, amigos de Hero Rodríguez Toro.

Al final del sexenio había un clima político espeso, una sensación de intranquilidad social muy acentuada, mucha gente se estaba yendo de México y varios empresarios textileros habían sido extorsionados por los servicios secretos del gobierno. Se rumoraba que habría un cuartelazo. Era evidente que Echeverría no tenía límites y, en el caso de *Proceso*, se los hizo saber amenazándolos incluso de muerte, a través de Francisco Javier Alejo, nuevo secretario del Patrimonio Nacional.

Confiesa Granados Chapa lo ocurrido: "Alejo era un joven economista, muy echado para adelante, presuntuoso. Nos invitó, en octubre de 1976, a desayunar a su casa en la colonia Florida, para prevenirnos del trato que le fuéramos a dar en *Proceso* al presidente Echeverría".

"Nos dijo: 'Les quiero advertir que el prestigio del jefe del Estado se vuelve un asunto de Seguridad Nacional. Si ustedes lastiman el prestigio del jefe del Estado, es legítimo hacer todo, cualquier cosa. No hay límite...'. Lo increpé: 'Oye, Javier, ¿qué quieres decir?, ¿nos van a matar?'. Respondió sin miramientos: 'Por la Seguridad Nacional no es obstáculo que se mueran una o dos personas'. 'Te das cuenta que si nos matas a uno o a los dos, habrá tres o cuatro, hasta catorce personas que nos sustituyan'. 'Todo eso se allanaría por la Seguridad Nacional'. Hablaba tranquilo, sin morderse la lengua para increparnos".

Cuenta Granados Chapa que Scherer no hablaba, permanecía impávido sin creer lo que estaba escuchando. Miguel Ángel le respondió a Alejo: "Ustedes deberían de ser los más cuidadosos de velar por la integridad de Julio. Si al salir de aquí lo atropella un coche por accidente, nadie lo va a creer, aunque así fuera. Todo el mundo va a imputarles el percance a ustedes y tendrán que pagar un alto costo político. Además, será inútil que asesinen a Julio o a cualquiera de nosotros porque siempre habrá alguien que reemplace a quien ustedes maten".

Alejo replicó estoico: "Simplemente quiero advertirles que están en ese riesgo". Así de clara y directa fue su advertencia.

Salieron furiosos, envalentonados. En la calle, Julio finalmente se atrevió a hablar: "¡Que chinguen a su madre!".

La amenaza, sin embargo, los ablandó. La portada del primer número de *Proceso* estaba lista, iba a ser el rostro de Echeverría con una denuncia: "El golpista". Lo acepta Miguel Ángel: les temblaron las corvas y decidieron quitar la foto, dejar sólo enunciados. Granados Chapa escribió la editorial de aquel número inicial: "Este semanario nace de la contradicción entre el afán de someter a los escritores públicos y la decisión de éstos de ejercer su libertad, su dignidad".

Ese primer número de *Proceso* tuvo un éxito franco e inusitado: los cien mil ejemplares se vendieron como pan caliente. Recuerda Granados Chapa el contexto: "La revista era bastante fea aunque tuviera su importancia. Yo lo justificaba: los niños recién salidos del vientre materno son feos. No sabíamos hacerlos. Para mí lo único importante era salir antes de que Echeverría dejara el poder… y lo logramos".

El número coincidió con la Reseña Internacional de Cine en el Cine Roble. Como había más demanda de boletos que los disponibles, cuenta Miguel Ángel que surgió un mercado negro: cambiaban un ejemplar de *Proceso* por una entrada. Las dos cosas escaseaban.

Después de ese primer ejemplar se ensoberbecieron. Guillermo Mendizábal, único entre muchos impresores que se atrevió a desafiar al gobierno e imprimir *Proceso* en su viejo taller –donde también editaba la revista *Los Supermachos* de Rius–, persuadió a Miguel Ángel, gerente y responsable de los asuntos administrativos, de que siguiera imprimiendo cien mil ejemplares. Mendizábal le dijo: "Esto es un tiro", convenciéndolo de imprimir cien mil del ejemplar número 2, y cien mil del 3. Añade Miguel Ángel: "Sólo en el ejemplar número 4 bajamos a cincuenta mil y esa desmesura estuvo a punto de quebrarnos".

Como no tenían aparato administrativo, improvisaron un servicio de venta de suscripciones y los ejemplares los repartían los mismos colaboradores. "Los sábados yo iba con mis hijos en mi Volkswagen repartiendo ejemplares de casa en casa", recuerda.

Sin embargo, la devolución de los estados comenzó a llegar de regreso y, quizá por la censura gubernamental, muchos de los paquetes volvían con el empaque original, sin que nadie los hubiera abierto.

Todo lo habían invertido en la impresión de los primeros números y se quedaron sin capital. Rememora Miguel Ángel: "No teníamos liquidez, dinero, ni anuncios. Tuvimos que alquilar una bodega para meter las devoluciones y evitar así que los reporteros se dieran cuenta de nuestra precaria situación. No queríamos que se desalentaran, ellos creían que todo se vendía. A los dos meses estábamos a punto de quebrar. Fue entonces cuando decidimos hacer más chica la revista y encarecer su costo para poder salir. Yo tomaba las decisiones administrativas. Las editoriales, Julio y yo".

Gabriel García Márquez, que aún no era Premio Nobel, pero ya gozaba del éxito de *Cien años de soledad*, escribió en aquel 1976 un reportaje sobre la situación de Angola. Benjamín Wong, director de *El Sol de México*, le ofreció una enorme suma para que le permitiera publicar aquel texto. Gabo, en un acto de nobleza inusitada, prefirió regalar su trabajo al equipo de *Proceso* con el fin de que lo publicaran en uno de los primeros números y les redituara con nuevos lectores, más anunciantes y mayor credibilidad. "Fue un acto de enorme generosidad", recuerda Miguel Ángel.

Para Granados Chapa no existe la objetividad y acepta que golpear a Echeverría y prevenir a López Portillo del maximato que el ex presidente intentaba ejercer, fueron inicialmente las razones de ser del semanario. A *Proceso* llegaron muy lastimados y "la bestia negra" fue Echeverría, quien con Mario Vázquez Raña ya era dueño de los periódicos de la Organización Editorial Mexicana –la cadena de los Soles: *Sol de México, Sol de San Luis, Sol de Morelia, Sol de Puebla…*–, que se publicaban en todo el país.

Granados Chapa asegura que una más de las razones por las que Luis Echeverría golpeó a *Excélsior* fue para quedarse como dueño del mercado periodístico: "Era cínico. Además del interés político, tuvo un evidente interés económico".

Aunque el idealismo y la defensa de la integridad los unió en un proyecto común que comenzaba a consolidarse en la opinión pública nacional, entre Scherer y Granados Chapa no tardaron en aflorar las rasposas diferencias que promovieron la ruptura y el eventual alejamiento de Miguel Ángel del grupo fundador de *Proceso.*

Granados Chapa pocas veces, quizá nunca, ha hablado de sus motivos. Cuenta que los primeros diez números tuvieron un editorial sin firma que él escribía: "a veces los veía Julio, a veces no". Recuerda a Julio muy maltrecho: "No era un director ausente, pero no estaba plenamente asentado como director. El semanario le quedaba chico, era un semanario pobre y Julio había quedado reducido a una condición muy menor respecto de aquel pasado glorioso en *Excélsior.* Durante diez números no hubo problema, hasta que un día me llamó porque no le gustó un editorial sin firma. No sé si fue por el tema, o por el enfoque…".

Julio le sugirió entonces a Granados Chapa que le enseñara los editoriales para que pudiera revisarlos, antes de la impresión. "Yo no quise, no lo hacía ni en *Excélsior*", dice. Recuerda dos situaciones difíciles en *Excélsior* que, a pesar de haber sido mucho más delicadas, no incitaron a Julio a revisarle su trabajo. La primera fue un día que se encontraron en el pasillo. Le dijo Scherer: "Ya vio usted lo de Bracamontes –era el secretario de Obras Públicas–. ¿Editorialazo, no?". "Editorialazo", respondió Granados Chapa, aceptando las instrucciones de escribir ese día un texto alusivo a este personaje. El problema fue que la información de Bracamontes generó una reacción diferente en cada uno de ellos. Cuenta Granados Chapa: "Yo escribí en contra de Bracamontes, y a él le hubiera gustado que lo hiciera a favor. Al día siguiente, al verlo publicado, su respuesta sólo fue: '¿Oiga, Licenciado, cómo se le ocurre?'. Él me había dicho: 'editorialazo', nunca dijo si a favor o en contra. Ahí quedó aquel 'error' y no provocó mayor reacción de su parte".

Otro día fue peor. En ejercicio de sus artes de seductor, el profesor Carlos Hank González, "una víbora de cascabel", según lo califica Granados Chapa, invitó a Scherer a festejar su cumpleaños por sorpresa. Se puso de acuerdo con doña Susana, su esposa, para organizarle una fiesta en su casa en Santiago Tianquistenco.

Reseña Granados Chapa, aunque no estuvo invitado al evento: "Hank invitó a los mejores amigos de Julio, compró los vinos favoritos de Julio, dispuso en la mesa los platos favoritos de Julio, su música favorita y hasta mandó bordar las sábanas de la cama en la que dormiría con sus iniciales".

En la tarde, Scherer no fue al periódico y, señala Granados Chapa, que de haber ido no se habría enterado del contenido de la página editorial porque la hacía Miguel Ángel. Scherer casi nunca la leía. Justamente ese día algo había hecho Hank como gobernador del Estado de México, y Granados Chapa, que ni enterado estaba del convivio, escribió contra él.

A la mañana siguiente de la pachanga en honor de Scherer, la fiesta continuó en el desayuno: leyeron *Excélsior* en voz alta, con el director del periódico presente. La sorpresa fue encontrarse con la editorial del diario que señalaba lo dispendioso que era Carlos Hank. Resultó paradójico: un ingrato, burlón e irreverente teatro del absurdo.

Aporta más elementos Granados Chapa: "Había quien desconfiaba de Scherer creyendo que era dual. Yo estoy seguro que a partir de ese momento, Hank creyó que Julio era un hipócrita, un tal por cual. Si hubiéramos tenido la oportunidad de explicarle lo que sucedió, no lo hubiera creído. ¿Cómo iba a ser posible que el director del diario no supiera lo que ahí se iba a publicar? Julio sabía que yo no tenía idea de la fiesta. A la mañana siguiente me explicó, entre apenado y dolido, que pasó un mal rato terrible. No hubo reproche, reconocía que no fue una trastada mía".

Por eso, Miguel Ángel no entendía por qué ahora, en *Proceso*, Scherer le exigía revisar su trabajo. Llegaron al acuerdo que firmaría su columna editorial y tendría nombre: Interés Público. Señala: "Lo propio era que fuera la editorial de la revista, pero como no quise someterla al escrutinio de Julio, decidí convertirla en un texto mío".

Poco tiempo después, Granados Chapa renunció a *Proceso*. Se dijo que fue porque le pesó la sombra de Julio, la realidad fue otra. Explica: "Cronológicamente, profesionalmente, humanamente, hay una dimensión de Julio con la yo nunca me he sentido en situación de contender. Como periodista y figura pública es incomparable a mí. Nunca tuve pretensión de igualdad como tenía Manuel Becerra Acosta, que por eso se enemistaron. A mí lo que no me gustó fue su forma de actuar en lo político y por eso renuncié".

La historia de su salida, que explica "la forma de Scherer de actuar en lo político", casi no se conoce. Alude a la forma en la que Julio Scherer quiso resolver la pérdida de *Excélsior* y los cauces para crear un nuevo diario durante la gestión del presidente José López Portillo.

Para mostrar independencia de Echeverría, el 1° de diciembre de 1976, José López Portillo nombró a Jesús Reyes Heroles secretario de Gobernación. Don Jesús, académico, político e historiador, el mayor ideólogo del Partido Revolucionario Institucional, había sido nombrado por Echeverría presidente del Comité Ejecutivo Nacional del PRI en 1972. Sin embargo, por haber mostrado una oposición infranqueable ante los intereses reeleccionistas de Echeverría ante la sucesión presidencial, éste lo despidió de su cargo en 1975.[3]

Al tomar posesión López Portillo invitó a Reyes Heroles a su gabinete, como un símbolo de su ruptura con Echeverría. El grupo de *Proceso* se regocijó ante la noticia; dice Granados Chapa que les "ganaba el gusto". El nuevo secretario era gran amigo de Scherer, de Granados Chapa quien había sido su alumno en la Facultad de Derecho, y de Miguel López Azuara, tuxpeño como él.

Reyes Heroles tenía instrucciones del presidente de "resolver" el asunto de *Excélsior* y comenzaron las reuniones en las

---

[3] Véase el capítulo: "Las pugnas con Echeverría", página 59.

oficinas de Gobernación para dar cauce a alguna solución viable. Soñaron con fundar un periódico nuevo con un crédito blando de Nacional Financiera. Encomendaron a Samuel del Villar y a Granados Chapa calcular lo necesario para crear un periódico del tamaño de *Excélsior*.

Narra Miguel Ángel los hechos: "Hicimos un proyecto desmesurado y, cuando se lo presentamos a Reyes Heroles, literalmente casi se cayó de la silla. Don Chucho, que era muy codo en la vida personal y muy celoso manejador del dinero público, consideró que el proyecto era torpe y abusivo. No había mala fe, pero era excesivo. Lo dijo claramente: 'Esto es imposible, busquen otra solución'".

Lo que no sabían era que Manuel Becerra Acosta estaba haciendo lo mismo y había presentado un proyecto con un costo diez veces menor al de ellos. Era mucho más realista porque no implicaba ni la construcción de un edificio ni la compra de un taller. Fue así como nació *unomásuno*, con un préstamo gubernamental, y el diario se mandó maquilar durante mucho tiempo sin que ello mermara su calidad o propuesta.

Reyes Heroles, que tenía un compromiso político "con resolver el asunto de *Excélsior*", le insistió al grupo de Scherer que buscara otra alternativa. Dice Granados Chapa: "Ni siquiera nos pidió: 'rebájenle' o 'ajústenlo'. Ante nuestra propuesta desmesurada, nos dijo con claridad: 'Esto no va, resulta imposible'. Nosotros estábamos con la idea de sustituir a *Excélsior*, tener de la noche a la mañana un periódico de ese tamaño sin importarnos que tuviera cuarenta años de historia desde su fundación. Ingenuamente nos convencíamos que era posible".

En mayo de 1977, Reyes Heroles –reunido en su despacho con Julio Scherer, Samuel del Villar, Miguel López Azuara, Vicente Leñero y Granados Chapa– ofreció devolverles *Excélsior*. Granados Chapa se opuso. Argumenta: "Me parecía absurdo admitir que por un acto arbitrario del gobierno nos echaran del diario y por otro acto arbitrario del gobierno nos lo devolvieran. Estaríamos dependientes de la voluntad gubernamental, a pesar de que el gobierno nos regresara lo que era nuestro. Se crearon dos corrientes: una encabezada por Julio, ansiosos de volver y otra, en la que yo figuraba, y que nos negábamos a regresar en esas condiciones".

Se llevó a cabo una asamblea de la gente de *Proceso*. Se votó y quedaron empatados: 17 querían volver y 17, no. Aplazaron una segunda votación para otro día. Relata Miguel Ángel: "Julio hizo proselitismo. Yo, en cambio, ni siquiera quise ver quién votaba a favor o en contra: cerré los ojos y volteé la cara. Julio estuvo atento y aprovechó los días entre la primera y segunda votación para llamar personalmente a quienes votaban por 'no volver', y fue convenciéndolos uno a uno. Es persuasivísimo. A la siguiente semana ganó y me di cuenta de que yo ya no tenía necesidad de quedarme. Como sucede en el cuento de Arreola titulado 'Una reputación', me di cuenta que perdí mi reputación, que me podía ir, que nadie estaba en mis manos confiándose a lo que yo hiciera".

La pregunta es inevitable: ¿Y por qué si la mayoría estuvo de acuerdo, por qué si el gobierno asumió la deuda, éste jamás le regresó *Excélsior* al grupo encabezado por Scherer? La respuesta es lapidaria: "Porque íbamos de torpeza en torpeza, y nos pusimos la soga al cuello".

El grupo de Scherer tenía mucha amistad con Alan Riding, corresponsal del *New York Times*, y con su mujer, Marlise Simons, corresponsal del *Washington Post*. Julio le contó a Alan, en presencia de Granados Chapa y de otros colaboradores, que estaban por volver, que tenían el ofrecimiento de Reyes Heroles y que éste se iba a poner en práctica. A Alan nadie le advirtió que eso fuera reservado e hizo una nota.

Excélsior tenía el servicio del *New York Times*, la nota de Riding le llegó a Regino y con enorme astucia la publicó en primera plana, obligando a que se abortara la maniobra. Se reveló que el gobierno estaba "conspirando" contra *Excélsior*. Señala Granados Chapa: "Regino fue un zorro y supo aprovechar la información. Ya luego, Reyes Heroles le dijo a Scherer frente a mí: 'Son ustedes unos pendejos'. Y ciertamente eso fuimos...".

La noche de la votación en mayo de 1977, en la que cada uno de los fundadores de *Proceso* se pronunció con respecto a aceptar o rechazar que el gobierno les regresara el diario y el consenso fue el sí, Granados Chapa le comunicó a Julio que él se iba en definitiva de la revista. Una semana después se marchó, pero aún en esos siete días, desde su renuncia a su eventual partida, le dio tiempo de estar presente en la conversación con Alan Riding y de presenciar la respuesta de Reyes Heroles.

"Recordé lo que le había dicho a Scherer el 31 de diciembre de 1975, al término de la asamblea que condujo a Díaz Redondo al liderazgo de la cooperativa de *Excélsior*: 'Si usted se va para un lado, yo me iré para el otro'", precisa Granados Chapa.

Desde su perspectiva, Scherer había actuado tan erróneamente frente a Regino, que ya no quería saber de él. Aclara: "Estuve mientras fue necesario estar, mientras hubo una lucha que emprender. Admiré y admiro su condición de gran periodista, pero detesté y padecí su torpeza política, su desidia con la cooperativa y, luego, su insensibilidad al aceptar que el gobierno nos regresara el periódico. Como dicen, no hay héroes para los ayudas de cámara; nadie puede ser héroe las 24 horas al día. Además, con despecho personal, sentía que él me había arruinado la vida. Yo me veía jubilado de *Excélsior* y, por causas ajenas a mi voluntad, mi proyecto de vida tronaba. En vez de estar jubilado, estaba yo en la calle".

El grupo de *Proceso* vio con resentimiento la salida de Granados Chapa de la revista, no entendió su distanciamiento y tuvieron que pasar muchos años para que él y Julio Scherer pusieran las cuentas en paz. Confiesa: "La cabra tira al monte, teníamos ganas de vernos, sobre todo cuando pasó el juicio acervo de Vicente Leñero contra mí, un veredicto que Julio compartió durante mucho tiempo".

La pregunta es obligada: ¿Scherer te llegó a hacer alguna confesión al estilo de la disculpa pública que recientemente te hizo Leñero?, cuestiono al periodista. "No lo puedo decir porque es parte de la intimidad... pero, bueno, sí, me pidió perdón. 'Usted tenía razón siempre', me dijo. Fue hace como diez años, nos vimos para hablar y lo hizo con una gran nobleza. Hubo un sinceramiento donde yo le expuse mis despechos y él, sus culpas. Ahora, en grupo, siempre dice: 'No saben cuánto quiero a este hombre, cuánto le debo', y a mí, ese comentario, que llegó tardíamente, pero a tiempo, me da enorme satisfacción".

Quemar las naves

Al renunciar a *Proceso*, Granados Chapa no tenía plan B. "Fue el peor mes de mi vida", señala. Se lanzó sin red y se quedó sin absolutamente nada. Era profesor en la universidad, pero lo que ahí ganaba no era suficiente para mantener a su familia.

Añade: "No tenía destino. Me había hecho demasiado conspicuo al lado de Scherer, estaba infectado por él sin ninguna ventaja y, por lo tanto, no le interesaba a ningún periódico. Tenía su marca, pero no sus amistades. Yo no era amigo de Scherer, jamás me invitó a su casa en términos sociales y sólo la conocí cuando andábamos trashumantes preparando *Proceso*".

Un mes después se le abrió el horizonte con ofertas que tomó al mismo tiempo y que se complementaron. Don Paco Martínez de la Vega, a quien siempre consideró cercano: "Fue como un padre, sin que él lo supiera ni yo cometiera el mal gusto de decírselo", lo invitó a escribir en *Siempre!*.

Asimismo, un ex compañero de la facultad lo impulsó para ser jefe de noticias de Canal Once. Y en tercer término: Luis Javier Solana, hermano de Fernando, a quien había conocido en los tiempos de Informac, le ofreció escribir una columna política diaria en un periódico suyo, *Cine Mundial*, y así nació el 13 de julio de 1977 su Plaza Pública.

"Era un periódico muy feo, pero estaba feliz de inaugurar mi Plaza Pública, un lugar de encuentro como el Zócalo", dice de la columna que lleva más de tres décadas de publicación ininterrumpida y cuyo antecedente más cercano era la Carta de Información Política que escribía cuando trabajaba para Informac.

"Implicó salir del desierto, llegar a un oasis. No importaba que fuera en ese periódico de pocos lectores, un periódico de la farándula especializado en espectáculos y que resultaba insólito que tuviera una columna política. Yo estaba muy entusiasmado", recuerda.

En diciembre de ese año, Fernando Solana le ofreció ser director de Radio Educación que fue premiada durante la dirección de Granados Chapa como la mejor emisora cultural del país. "Es la única vez que he trabajado en el gobierno y lo hice con tanta libertad que no parecía que fuera yo un burócrata", dice.

Estaba en una condición muy cómoda. Solana, su jefe directo, era el secretario de Educación, y Jesús Reyes Heroles, a quien también respetaba, el de Gobernación. "Gocé de dos raros privilegios. Tanto don Jesús como Solana siempre fueron absolutamente respetuosos de las emisiones, y aunque éstas tuvieran posturas no gratas al gobierno nos brindaron libertad y amplias posibilidades de crecimiento y credibilidad con los espectadores. Me tocó la época de la prosperidad, tiempo de gloria y crecimiento", señala.

Miguel Ángel promovió la creación de programas periodísticos de talante crítico como "Testimonios de hoy", con juicios editoriales de periodistas y escritores de prestigio como Francisco Martínez de la Vega, Julieta Campos y Rodolfo Becerril, presidente de los economistas. Además, con Miguel López Azuara –que salió de *Proceso* para fungir como subdirector editorial de esta estación radiofónica– creó "Zona franca" y "Derecho a la información", que dependían de Armando López Becerra; y "Kiosco", para el que invitaba a bandas de todos los rincones del país a tocar en la explanada de la emisora, como se hace en las ciudades de provincia.

Eran los años de la prosperidad petrolera y la SEP daba apoyos económicos insólitos a Radio Educación. La emisora se definía a sí misma como la tercera posibilidad en la radio: ni música comercial, ni sólo música culta. Pretendía ser una tercera opción más accesible e inteligente. "Sin falsa modestia, sé que hice ahí un muy buen trabajo", asevera.

Además, fue acierto de Granados Chapa darle la personalidad jurídica con la que cuenta hasta el día de hoy. Relata Miguel Ángel que había empleados que por los trámites burocráticos a los que tenían que someterse, llevaban más de un año sin cobrar sueldos. "Cuando se lo conté a Solana, de un plumazo resolvió el problema. Pidió un cheque de 600 mil pesos, mucho dinero entonces, me lo dio en mi propia mano y pagamos todas las deudas y salarios retenidos".

Para evitar que esta situación continuara y no requerir de partidas especiales, Granados Chapa propuso un Acuerdo de Creación de Radio Educación para que la radiodifusora fuera un órgano desconcentrado, como el Instituto Nacional de Bellas Artes o el Instituto Politécnico Nacional. Con esa personalidad jurídica le brindó la estabilidad financiera y salarial de la que ha gozado en las últimas tres décadas.

Para conformar el sólido equipo que tuvo a su cargo, le propuso a Salvador Tayabas, decano de la radio y quien trabajaba en la emisora desde los años treinta, que ocupara el cargo de subdirector técnico de Radio Educación. Era un puesto a su medida, una forma de coronar su trabajo de décadas. Recuerda Miguel Ángel que Tayabas aceptó con una condición: "Que no sea por mucho tiempo, porque tengo proyectos". Era un joven que rebasaba los ochenta años y aún tenía metas por realizar. Y efectivamente Granados Chapa le cumplió. Tayabas como subdirector técnico sólo estuvo en el cargo dos años: 1978 y 1979, justo el tiempo en los que el periodista fungió como director de la emisora.

En enero de 1980, Miguel Ángel renunció porque en algunos periódicos nacionales le atribuían a Fernando Solana los juicios que él escribía en su Plaza Pública, entonces publicada en *unomásuno*. Eso decía, por ejemplo, un tal Saldaña en *La Prensa*. Afirmaba que Solana usaba a Granados Chapa para decir cosas. Le atribuía a Solana, por ejemplo, los juicios que Granados Chapa externaba sobre Hank, regente de la Ciudad de México. "Cuando eso llegó a un punto inconveniente, renuncié. Se lo dije a Solana, y me dejó ir porque también para él era latoso lo que estaba sucediendo", confiesa Granados Chapa.

Antes de renunciar a la radio, Granados Chapa también dejó *Cine Mundial* por el mismo afán de independencia. Luis Javier Solana asumió el cargo de director de Comunicación Social del gobierno de López Portillo y Granados Chapa no aceptó seguir trabajando en un diario que era propiedad del vocero gubernamental.

Unomásuno: refugio de exiliados, bohemios y renovadores

Casi de inmediato, Manuel Becerra Acosta lo invitó a trabajar en *unomásuno*, un diario que Granados Chapa apoyó desde la trinchera de Radio Educación. "Becerra Acosta y yo tuvimos raspones feos en *Excélsior*, pero ya estaba yo fuera de *Proceso* y comenzamos a ser amigos. Cuando me invitó a ser columnista, pensé que su cenáculo no se lo permitiría. Antes había invitado a Manuel Buendía y tuvo que retirarle la invitación porque le tuvieron desconfianza. Las columnas tenían mala fama, algunos como Carlos Denegri en *Excélsior* le sacaban raja económica, escribían elogios y ataques tasados: a tanto la línea. Para mi sorpresa, cuando se trató de mí, aceptaron".

En *Excélsior* ambos periodistas habían sido rivales, sin quererlo. Más de una vez, Julio Scherer atendió más los puntos de vista de Granados Chapa que los de Becerra Acosta, el subdirector, y ello generó resentimientos y fricciones. Julio Scherer tenía una antigua deuda con Becerra Acosta Ramírez desde 1967, cuando falleció Manuel Becerra Acosta padre, director de *Excélsior*, quien a sabiendas de que sería difícil que fuera electo para presidir la cooperativa, impulsó a su amigo Julio Scherer. Cuando éste tomó posesión, quizá por gratitud, nombró subdirector a Manuel hijo.

Miguel Ángel trabajaba en la mesa de redacción, presidida por el subdirector. "Manuel hijo y yo no nos caíamos bien, y eso era muy grave porque era mi jefe. Muy pronto propició que me fuera de ahí, a la sección de cables. Poco tiempo después, Julio mismo y Miguel López Azuara me nombraron subdirector editorial. Ocupé un puesto directivo, equiparable al de Manuel", dice.

La rivalidad fue inminente y basta un ejemplo para ilustrar lo que sucedía. El 10 de junio de 1971, día del "Halconazo", fecha memorable en la que casualmente Scherer estaba de vacaciones en Colima, Granados Chapa bajó a la redacción a hablar con los reporteros para fincar el comentario editorial. Miembros de Los Halcones, grupo paramilitar creado en el sexenio de Díaz Ordaz, habían reprimido con violencia una manifestación estudiantil en apoyo a estudiantes de Monterrey e, inclusive, habían golpeado a algunos jóvenes periodistas de *Excélsior*.

Relata Granados Chapa: "Le pedí a Manuel la información y me di cuenta que tanto la cabeza del diario como la nota principal eran contrarias a lo que me estaban contando los reporteros". Con el paso de las horas, entendió lo que estaba pasando. Cuando a las siete de la noche, volvió a buscar a Manuel, supo que estaba en el restaurante "Amba" con Alfonso Martínez Domínguez, el regente de la ciudad y causante del percance. "¡Nuestro periódico iba a salir con la tesis del gobierno!: 'Un enfrentamiento entre estudiantes', en vez de responsabilizar a Los Halcones, grupo de élite del Ejército Mexicano, y a Luis Echeverría de los asesinatos de aquella matanza del Jueves de Corpus".

Le preguntó: "Oiga, Manuel, ¿habló con los reporteros?". Granados Chapa le dijo que la impresión que le habían dejado era contraria a lo que iban a publicar. "Insistí: 'Si salimos con la nota como está escrita, vamos a estar equivocados'. No cedía. Sin salidas, usé la última carta: 'Si no le parece mal, busquemos a Julio'. 'Búsquelo', me respondió".

Llamaron a Colima y los dos hablaron con Julio Scherer. No había sistema de conferencia, cada uno habló por su parte. Expusieron sus razones y Scherer le dijo a Manuel: "Haz lo que dice el Licenciado". Eso lastimó a Becerra Acosta, resentía que Scherer escuchara más al Licenciado que a él.

Otro incidente que suscitó enemistad y distancia entre ellos sucedió tras la salida de *Excélsior*. Se propusieron editar un nuevo periódico para contrarrestar la información que el gobierno difundía con respecto al golpe. Manuel, que quería reconquistar *Excélsior*, iba a ser el responsable del primer número que incluiría noticias de los diarios extranjeros y de la provincia, un mensaje de Julio Scherer, un manifiesto de los colaboradores y la declaración solidaria de *Plural*.

"Resultó mal hecho, mal escrito y tenía un error imperdonable: como Manuel carecía de material gráfico, en la portada puso una foto publicada en *Excélsior* el 9 de julio, una foto tramposa que fue tomada después de que abandonamos el salón y sólo quedaron los reginistas. Parecía que aquellos sombrerudos hubiesen sido mayoría. Me opuse rotundamente a que ésos estuvieran en nuestro periódico, parecía 'la indiada' contra 'el criollo' Scherer", cuenta.

El percance lo relata también Vicente Leñero en *Los periodistas* quien coincide con Granados Chapa: Becerra Acosta actuó irresponsablemente sin cuidar el contenido de aquella publicación. "En los hechos fui yo tomando las decisiones del grupo y a Manuel no le quedó otra más que irse apartando, ni siquiera participó en la creación de *Proceso*", afirma Miguel Ángel.

Sin embargo, años después, fuera los dos de *Excélsior* y del ámbito de Scherer, la relación se convirtió en cercanía. Cuando Becerra Acosta lo invitó a escribir su columna en *unomásuno*, le avisó a Luis Javier Solana que se iba de *Cine Mundial*. Solana no quería: "No se vaya. Nos va muy bien con su columna, es muy leída". Granados Chapa le estaba muy agradecido, lo había sacado del hoyo, pero se sentía más cómodo de escribir en un medio sin ataduras, ni compromisos con el gobierno.

Además, Becerra Acosta lo invitó a ser subdirector de *unomásuno*, a su lado. El ambiente era espléndido, refugio de centro y sudamericanos que sufrían el exilio: marxistas, comunistas, trotskistas, feministas, teólogos de la liberación, toda clase de bohemios, marginados y noctámbulos creativos.

Los tiempos coincidían con la reforma política y ahí se respiraban aires de libertad y renovación. "El *unomásuno* fue el periódico de la reforma política. Sin ser dependiente de Reyes Heroles, fue el que mejor captó la esencia de la reforma, el aire de los tiempos", señala Granados Chapa.

En 1983, sin embargo, empezó a gestarse un problema interno: apareció un sindicato de los trabajadores que a Becerra Acosta no le gustó y ello generó graves contradicciones que suscitaron la salida en bloque de un buen número de colaboradores. Granados Chapa no era accionista, pero figuraba entre quienes encabezaron la ruptura. "El *unomásuno* alentaba la lucha sindical, era un defensor de los derechos de los empleados y, desde mi punto de vista, el director se oponía al sindicato en la propia empresa. Eso no podía ser", señala.

Según él, Becerra Acosta temía que se descubriera lo que después se hizo público: no todos eran accionistas por igual, él era el accionista mayoritario de una sociedad anónima, editora del periódico. Cuando se agravó la situación con el sindicato, Becerra Acosta alegó su condición de dueño y los cuatro subdirectores se fueron juntos: Carlos Payán, Humberto Musacchio, Carmen Lira y Granados Chapa, quienes fundarían *La Jornada*. Granados Chapa enfatiza: "No nos gustó su manera de proceder con el sindicato y simplemente nos fuimos a buscar otro camino".

En la víspera de irse, un viernes 27 de noviembre de 1983, Granados Chapa se acordó que había dejado escrita la Plaza Pública del lunes y, como no quería que apareciera, fue al periódico a retirar la columna. No había nadie a la hora en que debería de estarse planeando el periódico.

Relata: "Habíamos renunciado los subdirectores y Manuel Becerra Acosta, que era el director, no había llegado a planear la edición. Movido por un estímulo de *boyscout* tonto, convoqué la reunión de planeación del periódico y esperé a Manuel para decirle qué era lo que habíamos acordado. Llegó borracho, era muy bebedor. Me preguntó: '¿Y tú por qué te vas?'. Alegó que yo no era accionista, que no tenía ningún problema con él, insistió que me quedara. 'No puedo', le respondí, 'tienen razón los que se van, estoy en ese grupo y me voy'. Todavía me pidió un favor: 'Tengo invitado a Carlos Fuentes a cenar en mi casa hoy, quédate a hacer el periódico'. Me quedé a hacerlo. Pude haberle hecho una trastada publicando una editorial en su contra o explicando nuestra salida, pero no lo hice. Él tuvo confianza en mí. Después de ese día, nunca más lo vi".

Granados Chapa considera que *unomásuno* ha descendido al género de aquellos diarios de los que se decía en tiempos de Echeverría y López Portillo que imprimían más facturas que ejemplares. Explica una de las razones del desplome en el número de lectores: "Carlos Salinas le compró a Becerra Acosta el periódico casi a fuerza, se lo pagó bien y Manuel se fue autoexiliado a España. En una maniobra política, se lo pagó con dinero de Gobernación. Después le fue vendido a Manuel Alonso, que había sido el vocero de Miguel de la Madrid. El periódico prácticamente dejó de existir. Ahora con el nombre de *unomásuno* se publica una hojita que no circula, ya murió…, y con Becerra Acosta también murió la amistad".

Manuel Buendía: amigo asesinado

El 20 de febrero de 2009, en su Plaza Pública, que desde 1993 publica en *Reforma*, Miguel Ángel Granados Chapa escribió: "Tengo miedo. Un asesino anda suelto".

Se refería a José Antonio Zorrilla Pérez, ex director de la Dirección Federal de Seguridad, de enero de 1982 a febrero de 1985, quien desempeñando ese cargo asesinó al periodista Manuel Buendía, el 30 de mayo de 1984. Cinco años después, en 1989, fue sentenciado a una pena de 29 años, cuatro meses y quince días, pero, a principios de 2009, un magistrado federal, Manuel Casaopriego, director de Ejecuciones Penales, mediante un proceso irregular lo liberó casi una década antes de tiempo, cuando debió de haber purgado una condena que terminaría hasta el 29 de octubre de 2018.

Granados Chapa reitera: "Si temo que alguien pudiera matarme es Zorrilla. Le tengo miedo". Y las razones son evidentes. Granados Chapa fue quien insinuó por vez primera que Zorrilla estaba implicado en el asesinato de Manuel Buendía y fue la voz para denunciar el crimen y promover el juicio en el que fue procesado, uniendo a la sociedad civil en defensa de la libertad de expresión y contra la impunidad. Los conoció de cerca a ambos: periodista y victimario, y pudo tejer la urdimbre del crimen.

Manuel Buendía y Miguel Ángel Granados Chapa desayunaron juntos el 28 de mayo de 1984, dos días antes de su asesinato, en el ya extinto Sanborns de Niza y Hamburgo. Lo hacían a menudo, eran amigos cercanos. Hablaron del proceso de creación de *La Jornada*, comentaron la columna de ese día de Manuel. Ese tipo de diálogo alusivo a las cuestiones cotidianas era común entre ellos, compartían cercanía e intimidad.

"No me dijo que tuviera alguna preocupación o que estuviera inquieto de algo", rememora Granados Chapa. "Al contrario, me llamó mucho la atención que él, un hombre que vivía permanentemente alerta, hubiera bajado la guardia. Siempre se sentaba de frente a la puerta, jamás de espalda como yo, y, cuando salía a la calle, en dos segundos era capaz de reconstruir todo lo que sucedía en la acera a la que se iba a aproximar", dice.

Traía pistola y sabía usarla. Como una paradoja del destino, quien le enseñó a tirar fue el mismísimo Zorrilla. Sin embargo, raro en él, esa mañana se sentó de espalda a la entrada del restaurante. "En veinte años, en los que debimos de habernos reunido cientos de veces –recuerda–, jamás lo había visto deponer su costumbre de estar alerta. No se lo comenté, me pareció de mal gusto sacarlo a colación, pero registré el hecho: su actitud vigilante no era ya la misma. Esto, que hubiera podido ser una trivialidad si nada le hubiera pasado, cobró luego mayor dimensión tras su asesinato, dos días después".

Miguel Ángel se explica su asesinato justamente por esta razón: aflojó su nivel de alerta. Estaba tranquilo y en paz, lo atacaron desprevenido y con la guardia baja. El 30 de mayo, dos días después de aquel desayuno, Miguel Ángel venía regresando como a las seis de la tarde de Palacio Nacional. Silva Herzog había invitado a comer a la élite que creaba *La Jornada*: Héctor Aguilar Camín, Carmen Lira, Humberto Musacchio, Carlos Payán y Granados Chapa.

Al aproximarse a su oficina en la calle de Durango, en la Roma, El Fisgón, desde una de las ventanas de un piso superior del edificio en el que se albergaban las oficinas de *La Jornada*, le espetó a Granados Chapa la noticia: "Mataron a Manuel Buendía". Miguel Ángel respondió puerilmente: "No es cierto". Hoy se justifica: "Es la reacción más tonta e infantil que pude haber tenido, pero así respondí a pesar de que sabía que podía ocurrir".

Llamó a la gente cercana y fue al lugar de los hechos: la esquina de Insurgentes con Hamburgo, en la acera del edificio donde estaba la oficina de Buendía, a diez cuadras de las oficinas de *La Jornada*. Al llegar, aún vio el cuerpo de su amigo en el suelo, había sido asesinado una hora antes, a las cinco.

"Fue horroroso. La fealdad de Buendía se acentuó –señala–. Fueron tres disparos por la espalda. El asesino le levantó el faldón de la gabardina azul y le disparó. No sé si fue para frenar su marcha o para tener menos obstáculos, pero fueron tres balazos certerísimos en el tórax. Sabían a quien estaban atacando, Manuel no tuvo la mínima posibilidad de responder".

Cuando Miguel Ángel llegó, ahí estaban los funcionarios del Ministerio Público. Se enteró de que José Antonio Zorrilla ya se había marchado; fue el primero en llegar, tres minutos después del asesinato. Granados Chapa aclara: "No se me ocurrió cuestionar nada, no tenía ningún elemento para hacerlo. Yo sólo me limité a ver el cuerpo inerte".

Luego habló con los ayudantes de don Manuel: Luis Soto, que fue quien dio la noticia, y Juan Manuel Bautista, un jovencito de veinte años, que salió unos segundos después de Buendía y logró ver al asesino porque quedó atrás de él. Bautista y una muchacha que atendía en una tortería colindante serían luego personajes claves para identificar a Rafael Moro Ávila, gatillero de Zorrilla y nieto de Maximino Ávila Camacho.

Miguel Ángel cuenta que Zorrilla presidió el funeral. "Fue como de película, se apoderó del acto. También llevaba una gabardina azul, la de él más obscura. Yo no tenía ningún elemento para saber que había sido él, pero me chocó su actitud. No estaba bien que un policía se convirtiera en dueño del sepelio y además ni siquiera era el más cercano de los amigos".

Zorrilla lo determinó todo, inclusive los tiempos y los oradores. Uno de ellos: León García Soler, que escribía en *Excélsior* y ni siquiera era amigo de Buendía. Elucubra Miguel Ángel en torno al cinismo de Zorrilla: "Supongo que se aprovechó de tal manera para conseguir lo que después ocurrió".

Cuenta que Zorrilla se paseaba por las salas donde estaban velando el cuerpo, en espera del presidente Miguel de la

Madrid. El presidente detestaba a Buendía, pero era obligada su presencia en el sepelio. Unas semanas antes, Buendía le había dado eco a la columna de Jack Anderson: "Washington Merry-Go-Round", publicada en el *Washington Post*, en la que acusó a De la Madrid de corrupto y exhibió los datos de una cuenta bancaria suya en Suiza.

De la Madrid estaba incómodo, pero José Antonio Zorrilla lo recibió con amabilidad, como si fuera el deudo principal. "El presidente, delante de muchos, incluyéndome, le encargó a Zorrilla la investigación –relata Miguel Ángel–. Eso era ilegal, debería haberlo hecho la Procuraduría General de la República, no la Dirección Federal de Seguridad. Puso en sus manos absolutamente todo. Fue el primero en llegar a la escena del crimen, seguramente tapándose las orejas para no oír los disparos. Recogió indicios, inclusive una bala no percutida que, cuando yo llegué, una hora después, ya no estaba. Cuando lo procesaron le preguntaron por qué no entregó la bala, dijo con cinismo que no lo hizo porque nadie se lo pidió".

Miguel Ángel confiesa que simuló estar sereno todo el tiempo. Regresando del entierro hasta cantó con amigos, acompañado por el organista de "El Riscal", a donde fueron a comer. "Actuábamos como si no viniéramos de enterrar a Manuel Buendía", dice. Tuvieron que pasar tres días más, y ya solo y en su casa, lo asaltó el llanto que guardó sin darse cuenta. Lloró como niño, lloró de rabia.

Buendía era su amigo, era cercano. Había sido su primer jefe, en 1964. Cuando recién egresó de dos carreras en la UNAM: Periodismo y Derecho, Horacio Guajardo, editor de *Señal* y líder del movimiento demócrata social cristiano, al que Granados Chapa pertenecía, lo presentó con Buendía con el fin de que se integrara a *Crucero*, un semanario que don Manuel estaba por fundar y donde Miguel Ángel aprendería su primera lección periodística[4]. Por insumiso, Buendía acababa

---

[4] Véase el capítulo: "*Crucero*, el inicio", página 29.

de ser depuesto de su cargo como director de *La Prensa* y estaba convencido que su camino seguiría, nada lo iba a frenar.

Sabedor que había llegado a la dirección de *La Prensa* por méritos propios, Buendía se rebeló contra el cacique del sindicato, Mario Santaella, que ponía y quitaba directores a su antojo, y contra Humberto Romero, el secretario privado del presidente Adolfo López Mateos. Su rebeldía, en ese entorno de sumisión al poder y corrupción periodística, le costó el puesto. "Buendía no era un rebelde, pero no gozaba su cadena, no lamía ataduras –señala Granados Chapa. Buscaba una independencia que, en ese periódico y en esa época, no era posible".

Por su aspecto, Buendía era un hombre que daba la impresión de ser siniestro: usaba anteojos oscuros de forma curveada, que ocultaban su mirada y velaban su expresión. Parecía un mecanismo para encubrirse, una forma de esconderse, pero en realidad era sólo la manera de bloquear la luz para evitar la agorafobia que le producía continuas migrañas. Quienes lo conocían, bien lo sabían. De hecho, era muy amiguero, especialmente cercano de policías, a quienes frecuentaba desde que se formó en la nota roja y luego como director de *La Prensa*.

Asegura Granados Chapa que, pasada la primera impresión, Buendía generaba admiración por simpático, inteligente e informado. Entre ellos, la amistad se afianzó paulatinamente y rondaba en una fraternal cercanía, a grado tal que en 1978, dos años después del golpe a *Excélsior*, cuando Buendía perdió su trabajo en *El Universal* y lo invitaron a escribir en el *Excélsior* de Regino, antes de aceptar buscó a Granados Chapa para comentárselo.

Le dijo: "Quisiera aceptar el ofrecimiento, salvo que a usted le produzca una reacción tal que desee mentarme la madre. Si me la mentara, no acepto entrar a *Excélsior*". Señala Granados Chapa: "Le agradecí que me lo hiciera saber. Fue una deferencia increíble y estoy seguro que si le hubiera hecho una mala cara, no hubiera aceptado. Así era nuestra amistad. Fue el columnista político más importante de su tiempo y un gran defensor de periodistas".

Granados Chapa superó al maestro: es él quien une hoy al gremio en defensa de la libertad de expresión. De Buendía aprendió, además, cosas como nunca escribir de nadie aquello que no tuviera valor de decir directamente a la cara; no tomarse en serio los elogios, porque muchos felicitan al autor o al periodista sin haber leído jamás una línea suya; y a siempre regresar los regalos de los políticos, sin distinción.

En 1981, cuando a Manuel Buendía lo atacó y amenazó en público Rubén Figueroa, gobernador de Guerrero, Granados Chapa organizó con Paco Martínez de la Vega un desayuno multitudinario en su apoyo en el Hotel del Prado, al que asistió todo el equipo de *unomásuno*.

Don Manuel era una figura que cohesionaba: era un hombre combativo, muy respetado en el gremio. Cuenta Granados Chapa que Buendía decía que los periodistas en la Ciudad de México, sobre todo los que habían ganado cierto renombre, tenían una posición muy cómoda. Mordazmente insistía que el peor riesgo para los periodistas citadinos era que la grúa se llevara su coche estacionado en un lugar prohibido, mientras comían en la Zona Rosa.

En cambio, decía, los periodistas de provincia se topan en la acera de enfrente con el cacique del cual acaban de escribir y, en general, los caudillos, los déspotas y los tiranos no se andan con miramientos. Por eso, creía él que los más vulnerables del gremio eran los periodistas de los estados y los de las zonas rurales, y buscaba brindarles su apoyo y absoluta solidaridad. "Por desgracia, con la muerte del mismo Buendía, se comprobó que estaba totalmente equivocado. También los citadinos vivimos en riesgo", señala Miguel Ángel.

Durante mucho tiempo se dijo que a Buendía lo asesinó el Estado, es decir, las acusaciones señalaban a Miguel de la Madrid y a Manuel Bartlett, su secretario de Gobernación. Granados Chapa nunca lo ha creído así y tiene motivos: "De haber sido un crimen de Estado, Zorrilla los hubiera denunciado cuando fue detenido. Nada hubiera resultado mejor para ser exonerado o disminuida su responsabilidad que decir: 'Yo cumplí órdenes', y explicar en qué momento y en qué circunstancias".

¿De dónde sacó su información Granados Chapa para insinuar antes que nadie que el responsable de la muerte era Zorrilla? Hace un recuento: "Después de matar a Buendía, Zorrilla mató a otro amigo suyo: José Luis Esqueda. Lo mató por lo mismo, porque Esqueda lo iba a denunciar. A mí me buscó una señora con la que Esqueda tenía relación, una mujer a quien conocía yo vagamente, y me contó las confidencias que él le hacía. Me dijo que Esqueda sabía que Zorrilla había sido el asesino".

Cuando Granados Chapa escribió de ello, Zorrilla ya estaba huyendo, pero por otros motivos. Huía porque se fue haciendo público que tenía implicaciones en la muerte de Enrique Camarena, el agente de la DEA. Ese crimen provocó una gran presión de EUA al gobierno de México para dilucidar los hechos y, casi inmediatamente, la PGR descubrió que el asesino era Rafael Caro Quintero. Una tropa de la Policía Judicial Federal fue a Guadalajara para detenerlo y, cuando los agentes estaban a punto de capturarlo, Caro Quintero les mostró su charola de la Dirección Federal de Seguridad, que encabezaba Zorrilla. Estaba protegido y tuvieron que dejarlo ir.

Cuando los agentes contaron a sus jefes lo que sucedió, éstos decidieron destituir a Zorrilla de su cargo. Para no quedar tan desautorizados ante el gobierno de Washington, para no confesar que el jefe de la policía federal era cómplice del asesinato, a Zorrilla le dieron la posibilidad de que fuera candidato a diputado.

Renunció para ser candidato, lo registró el PRI y José Antonio Zorrilla Pérez comenzó su campaña el 4 de marzo de 1985. Sin embargo, al dejar la policía, muchos de sus enemigos, agraviados por él y ya sin temor, ventilaron sus trapitos sucios. Declararon que Zorrilla no sólo estuvo implicado en el asesinato de Camarena, sino que también tenía nexos con los narcotraficantes y revelaron los sitios en donde los capos le entregaban las maletas con dinero para obtener su protección.

Manuel Bartlett y De la Madrid sugirieron eliminar a Zorrilla de la lista de candidatos del PRI. "Fue algo insólito, jamás hacen candidatos para luego quitarlos –señala Miguel Ángel. No se atrevieron a detenerlo, simplemente lo eliminaron de la lista de candidatos y dejaron que se marchara. Hay una responsabilidad de Miguel de la Madrid y de Bartlett en propiciar las condiciones para que se fuera. Cuando lo dejaron partir, fue cuando yo escribí de la responsabilidad de Zorrilla en el asesinato de Buendía".

En aquel momento no hubo respuesta. Tiempo después, se hizo público el nexo de Zorrilla con Caro Quintero y con otros narcotraficantes que le daban dinero cada semana. De modo que, asegura Granados Chapa, esa información permitió entender las razones que motivaron a Zorrilla a asesinar a Buendía.

Explica Miguel Ángel: "Zorrilla y Buendía se frecuentaban. Mi sospecha es que Buendía estaba aproximándose a una información que vinculaba a Rafael Caro Quintero y a otros narcotraficantes con la Dirección Federal de Seguridad. Quiero suponer que le hizo alguna pregunta a José Antonio Zorrilla que lo alertó. Hasta pudiera haber ocurrido, es una figuración personal, dada la cercana relación que tenían, que le preguntara: 'Oye, tengo información que te implica', no creyéndolo, no acusándolo. Más bien diciéndole: 'Mira hasta dónde se llega'. A partir de un dato de esta naturaleza, que denotaba alguna posibilidad de que Buendía estuviera encontrando información que implicaba a Zorrilla, como después se probó, éste lo mató".

Carlos Salinas, al asumir la presidencia en 1988, tras unas elecciones dudosas, legitimó su poder con actos notorios y atrevidos. Uno de ellos fue apresar a Zorrilla e inculparlo por lo que la sociedad ya conocía: el crimen de Manuel Buendía. Sin embargo, señala Granados Chapa, no lo tocaron en su patrimonio al enjuiciarlo y condenarlo a cerca de treinta años en prisión.

Denuncia: "Al principio también lo habían acusado de enriquecimiento ilícito, entonces se llamaba en forma chistosa 'enriquecimiento inexplicable', cuando era perfectamente explicable. Lo acusaron, pero no prosperó la denuncia y lo dejaron con su enorme fortuna".

Para Miguel Ángel Granados Chapa, José Antonio Zorrilla Pérez no tiene límites: "Es un hombre avezado en el uso de sicarios, un hombre con dinero y entrenamiento, un hombre sin escrúpulos que usa a las personas para propósitos criminales. Por eso le tengo miedo".

La Jornada: búsquedas, amenazas y logros

La Jornada surgió en septiembre de 1984 durante la gestión de Miguel de la Madrid y, aunque Granados Chapa asegura que el gobierno era "conservador y autoritario", la sociedad se había desperezado y el ánimo de los universitarios y sindicatos era de pleno entusiasmo por el nacimiento del nuevo periódico, opuesto a la política antiliberal del gobierno.

"Desde el punto de vista del gobierno éramos la peor parte de *unomásuno*, los menos resueltos a entendernos con él –manifiesta Granados Chapa–. El presidente De la Madrid no nos quería, era muy arisco con nosotros y muy autoritario contra el movimiento sindical. No me gustaba nada su política: achicó el Estado y se manifestó opuesto a la nacionalización bancaria, privatizando y dando marcha atrás a lo que logró López Portillo. Ordenó además que ninguna de las oficinas públicas nos diera publicidad y, aunque teníamos una gran autonomía, padecimos graves penurias económicas".

Alberto Peniche, quien antes había trabajado en *El Heraldo* y les había vendido papel subrepticiamente para iniciar *Proceso*, era ahora director de prensa de Gobernación. Dependía de Manuel Bartlett que, como De la Madrid, los veía con suspicacia. Aunque Peniche fuera una presencia amistosa, no rompió la regla de no darles publicidad.

Relata Granados Chapa que un día le llamó Peniche y, desde que recibió la llamada, supuso que era para pedirle que no publicaran algo que había sucedido en el Zócalo frente al presidente. "Le dije: 'Pídame lo que quiera, porque estoy seguro que no me pedirá nada que no pueda hacer'. Respondió:

'Ya me chingó'. Y colgó. Nunca más se atrevió a llamar para solicitar nada más".

Carlos Payán era el director de *La Jornada*, con cuatro subdirectores: Humberto Musacchio, Héctor Aguilar Camín, Carmen Lira y Granados Chapa. Eran muchas cabezas, excesivos protagonismos que no tardaron en derivar en problemas entre ellos.

"Las dificultades no fueron por cuestiones ideológicas –dice a bote pronto Granados Chapa–, afloraron por problemas de actitudes. Éramos demasiados subdirectores, todos muy autoritarios, y las desavenencias surgieron por el modo de ser de cada uno de nosotros".

Asegura que los primeros años fueron muy difíciles, la talacha la hacían Humberto Musacchio y él. "Había una carga de trabajo mal repartida y primero se fue Humberto, luego Héctor, después Carmen y, en algún momento, me quedé solo como subdirector. Y yo también me fui casi un año: de 1986 a 1987, pero no dejé de escribir la Plaza Pública", relata.

Al ser cuestionado de manera más incisiva, acepta que este distanciamiento obedeció a desacuerdos con Payán y Aguilar Camín porque tomaban posiciones políticas en el diario, sin previo acuerdo con el grupo directivo. Alude al juego interno del PRI que en 1986 definía a su precandidato y en el que, según Granados Chapa, *La Jornada* tomó partido por Carlos Salinas, entonces secretario de Programación y Presupuesto.

El nombre de Salinas, como posible candidato del PRI, se barajaba en la opinión pública junto al de Alfredo del Mazo, Sergio García Ramírez, Manuel Bartlett, Miguel González Avelar y Ramón Aguirre.

"Salinas me caía bien, no estaba en su contra, pero me parecía indebido que *La Jornada* tomara postura abierta en la contienda del PRI, sin que mediara un acuerdo previo entre nosotros sobre esa inclinación", puntualiza Granados Chapa.

Desde su perspectiva, Payán se dejaba influir por Héctor Aguilar Camín, amigo personal de Salinas y quien, además, estaba poco dispuesto a apoyar a los sindicatos, a pesar de que los telefonistas, electricistas y pilotos apoyaron el nacimiento de *La Jornada* y compraron acciones.

"Yo lo que pedía era que los miembros del grupo directivo asumiéramos una postura tras una discusión que nos llevara a decidir si nos convenía o no entrar en ese juego partidista. Además, no me parecía que, como subdirector, me tocara sólo hacer la maquila, y que fueran ellos quienes tomaran las decisiones políticas. Simplemente no era equitativo, por eso me fui", acusa.

Granados Chapa confiesa que entre los seis precandidatos del PRI, él habría apoyado a Sergio García Ramírez, entonces procurador general de la República, e inclusive lo llegó a escribir en su Plaza Pública. "Era al que menos conocía de los seis, porque no se tomó en serio como precandidato y casi nunca me buscó. Me parecía el más decente, el más austero, tenía una larga carrera en el gobierno y una firme convicción republicana. Justamente por eso me atraía, porque no andaba en la pepena de los apoyos".

Cuando pasó la contienda del PRI y la candidatura de Salinas fue un hecho consumado, Granados Chapa volvió a la subdirección de *La Jornada*. Asegura que en la lucha electoral por la presidencia de la República, el diario no tuvo dificultad en definir su inclinación cardenista: "Quedamos inmersos en la corriente de Cuauhtémoc Cárdenas, no obstante el desagrado de algunos accionistas y fundadores de *La Jornada* como Aguilar Camín".

Miguel Ángel insiste en que los miembros del grupo directivo no estaban en las antípodas ideológicas: "En *La Jornada* no había gente de derecha… Héctor ha sido un liberal y hasta de izquierda".

El año de 1988 fue de definiciones intensas, tiempo de prueba para la organización interna del periódico por la elección presidencial y por el crecimiento del cardenismo. Fue una elección difícil con tres candidatos sólidos: Carlos Salinas por el PRI, Manuel Clouthier (Maquío) por el PAN y Cárdenas Solórzano, fundador luego del PRD, por el Frente Democrático Nacional. Eran tres candidatos fuertes, tres visiones de Estado, tres propuestas para México que, para muchos, estaba anquilosado por la permanencia del PRI en el poder, entonces durante casi seis décadas.

En la víspera de la elección fueron asesinados Francisco Xavier Ovando y Román Gil Heráldez, colaboradores cercanos de Cárdenas que hacían intenso proselitismo por el Frente Democrático Nacional, una agrupación formada por tres partidos de izquierda y una veintena de grupos políticos y sociales que, bajo el liderazgo de Cárdenas, luchaban por derrotar democráticamente al PRI.

Relata Granados Chapa: "Esa noche recibí una llamada de Gobernación. No recuerdo si fue Manuel Alonso o Fernando Pérez Correa. Me pedía que no sobredimensionara el doble homicidio. Le respondí que era imposible, que lo haría público. Al siguiente día, De la Madrid tuvo que aceptar el suceso conocido. Si hubiéramos roto el principio de independencia, hubiéramos quedado en el mayor de los ridículos frente a nuestros lectores".

Durante el tiempo en que Miguel Ángel fue subdirector de *La Jornada*, la intimidación fue pan de cada día y llegó por varios frentes. Ya estando en el poder Carlos Salinas, a Miguel Ángel le llegó una franca amenaza de muerte. Escribió contra el Partido Revolucionario Obrero Campesino-Unión del Pueblo (PROCUP), una guerrilla que él sospechaba que era manejada por el Ejército y que servía para ejecutar a los militantes de la izquierda revolucionaria. En su Plaza Pública reveló su sospecha, señalando que al PROCUP no se le conocían más acciones revolucionarias que el ajusticiamiento de líderes de izquierda, especialmente en Oaxaca.

Tras la publicación, le mandaron recados negando lo que él había escrito. Luego, los recados se convirtieron en amenazas publicadas en un periodiquito que iban, de tanto en tanto, a entregar a *La Jornada*. Relata: "Di instrucciones a los guardias de la puerta que cuando vinieran a entregar esos boletines en paquetes, los rechazaran. Una mañana de abril de 1990, vinieron, preguntaron por mí y pretendían dejar un paquete de aquel periódico engrapado, un instrumento de propaganda".

Cuando los policías se dieron cuenta que lo que traían era el pasquín del PROCUP, los rechazaron. Los emisarios del PROCUP no titubearon, respondieron a sangre fría asesinando a los dos guardias, ahí en la puerta principal de *La Jornada*.

Explica Miguel Ángel: "Aunque no se ostentaron como miembros del PROCUP, cuando se sintieron descubiertos, aprovecharon la coyuntura para mandarme un mensaje: 'Cuídate, porque esto te puede pasar también a ti'. Nosotros habíamos sido solidarios con movimientos cuyos líderes habían sido ejecutados por este grupo, brazo ejecutor del gobierno, y adquirimos así una deuda: pasamos a estar en la lista de los ejecutables".

El procurador Ignacio Morales Lechuga le informó a Granados Chapa que le pondría un escolta. El periodista se negó arguyendo que era inútil y contraproducente. Aceptó, sin embargo, que pusieran guardias en la casa de sus hijos, que acabó retirando porque su ex mujer los veía dormidos la mayor parte del tiempo.

La Jornada fue uno más de los periódicos que Miguel Ángel Granados Chapa contribuyó a fundar y consolidar, y del que tampoco se jubilaría. En 1992, se marchó por un conflicto con Carlos Payán: "Me alejé con pesar", confiesa. Se despidió de su Plaza Pública de la manera más escueta: "No sin melancolía anuncio que hoy es el último día en que aparece esta columna en *La Jornada*. He concluido mi ciclo".

Continuó su trabajo periodístico en la revista semanal *Mira*, que dirigía, así como en Radio Red y *El Norte*. La Plaza Pública se publicó unos meses en *El Financiero* y en los diarios vinculados por la Agencia Mexicana de Información, para finalmente encontrar su sede actual desde 1993: el periódico *Reforma*.

Precisa los motivos del conflicto. Cuando Carlos Payán terminó sus ocho años como director general de *La Jornada*, quiso reelegirse y Miguel Ángel no aceptó. Aclara: "Quise ser director general, desde 1988 era director a secas. Payán no es periodista y, en su segundo periodo, era yo quien hacía el periódico; de modo que era inevitable que yo fuera el director general. Pero fue evitable. Se las arregló para convencer a los accionistas de modificar la escritura constitutiva para reelegirse nuevamente, por tercera ocasión. Yo combatí esa reforma, perdí y, por eso, me fui del periódico. Me pareció inmoral modificar una de las reglas que nos aseguraban no repetir la historia de *unomásuno*. Y si me lo preguntas, hoy veo el desarrollo de *La Jornada* con pesar; se alejaron de las metas que nos habíamos planteado en su fundación".

Sus detractores lo acusan de ser un resentido porque nunca fue el director que quiso ser. Reitera: "Sí fui el director que quise ser. Fui el director de *La Jornada*, no fui el director general, pero en el momento en que me fui, era director en los hechos: yo hacía el periódico. No me quedó ninguna aspiración insatisfecha".

Asegura que en *Reforma* la retribución profesional y económica ha sido extraordinaria: "Nunca vista, del cielo a la tierra de todo lo que había yo vivido antes". Añade: "Jamás ha habido nada de qué quejarme, al contrario, ha habido un gran estímulo al trabajo".

En 1997, cuando el PRI perdió el control de la Cámara de Diputados y era claro que por primera vez en muchos años iba a haber una vida parlamentaria más o menos intensa, propuso a los directivos de *Reforma* hacer la crónica de esas sesiones y no sólo aceptaron gustosos, sino que acogieron con amplitud y generosidad sus escritos.

"Siempre ha sido un periódico profesional, su organización empresarial es muy sólida y eso le permite su independencia que molesta a muchos: un día revela el exceso de gastos de la presidencia de la República en manos del PAN, al siguiente día algo que irrita a los partidarios de López Obrador e igualmente es filosa la crítica contra el PRI. Es un periódico sin ataduras, sus dueños son puramente empresarios periodistas y eso es garantía de independencia. En mi caso, no he tenido más que motivos de reconocimiento y gratitud, jamás he tenido que poner una sola condición para gozar de mi libertad", señala.

Mira: una propuesta fallida

En 1984 algunos reporteros del recientemente desaparecido *The News*, periódico que dependía de *Novedades*, buscaron a los directores de *La Jornada* para plantearles la posibilidad de hacer un semanario de información en inglés para la comunidad anglosajona en México. *La Jornada* lo acogió, pero fue abortado pocas semanas después de lanzarlo porque no gozó de lectores ni de publicidad.

Con ese vacío, Miguel Ángel Granados Chapa tuvo el cosquilleo de impulsar una revista semanal, pero inhibió su deseo sabiendo que podía significar competencia para *La Jornada*. Sin embargo, en 1990 se animó, quizá ya con cierto recelo por la forma en que se venía manejando el periódico.

Con el fotógrafo Pedro Valtierra creó el semanario *Mira* con la intención de darle una nueva dimensión al periodismo gráfico, concediéndole igual prioridad al texto que a la foto. Era un proyecto innovador porque, por vez primera, un fotorreportero dirigiría con un periodista, en un plano de igualdad, una revista de información general. Ninguno de los dos era director general: eran dos directores. "Invité a Pedro porque me gustaba su trabajo y quería darle otra dimensión a la labor de los reporteros gráficos que ni siquiera gozaban de la autoría de su trabajo", dice. Para volcar toda su energía al nuevo proyecto, Granados Chapa renunció a la dirección de *La Jornada*, pero siguió escribiendo ahí su Plaza Pública, colaborando en buenos términos con Carlos Payán, hasta que dos años después, en 1992, se peleó con él y se marchó definitivamente de *La Jornada*.

Entre Pedro Valtierra y Granados Chapa había afinidad y admiración mutua. Habían hablado por vez primera una década antes, en 1980, y desde entonces su relación era cada vez más sólida. Valtierra había regresado a principios de la década de los ochenta de Nicaragua, donde, durante dos meses, fotografió la guerra sandinista.

Granados Chapa, entonces subdirector y coordinador editorial de *unomásuno*, lo había felicitado por sus imágenes; especialmente lo conmovió "Balazo" en la que capturó un instante en un gimnasio en Nicaragua donde llegaban los heridos de la batalla. Harto de fotografiar la muerte a su alrededor, con el corazón latiéndole de rabia y frustración, Valtierra detuvo para la posteridad la intimidad de un destello: una mujer herida con un gran orificio en el brazo, producto de una bala precisa que quizá le arrebató la vida, se refugia en el abrazo de su hermano. Esa estampa del dolor que provocan los conflictos armados daría la vuelta al mundo.

Mira era la posibilidad de que la imagen ganara prioridad en el terreno periodístico mexicano, buscando crear una versión nacional de las afamadas revistas norteamericanas *Life* o *Look*, o de la francesa *Paris Match*.

A través de Manuel Camacho, entonces regente capitalino, Granados Chapa buscó a Sergio Autrey, a quien conocía levemente, queriendo convencerlo de ser el patrocinador de este proyecto editorial. Miembro de una familia cuya labor se diversificaba en fármacos, acero, telefonía y comunicación vía satélite, Autrey aceptó financiar el arranque y no puso ninguna condición al periodista. La libertad de expresión sería total y el apoyo, incondicional.

"Parecía un mecenas renacentista", señala Granados Chapa refiriéndose a Sergio Autrey. Asimismo, en menor escala le brindaron apoyo económico su amigo Francisco José Paoli Bolio –ensayista, analista y político mexicano afiliado al PAN– y Martín Rivas, un ingeniero zacatecano desconocido que aportó 25 mil pesos. "Era una cantidad pequeña que quiso donar y no indagué más", dice.

Autrey generosamente aportó el capital de inicio y durante cuatro años consecutivos mantuvo a la revista, que acumulaba pérdidas crecientes. No había capital de trabajo y resultaba complicado acceder a los anunciantes. Para el primer aniversario organizaron un coctel al que invitaron a personajes como Carlos Slim y José Antonio Pérez Simón, director de Telmex, buscando su apoyo. A pesar de que Granados Chapa les hacía la corte, su labor resultaba infructuosa. "Tanto esmero en las relaciones públicas resultaba un chasco: no se anunciaban", dice.

En 1993, cuando la revista seguía buscando su lugar en la opinión pública nacional, Pedro Valtierra recibió una llamada tremendista. "¿Pedro Valtierra?", preguntó una voz por el auricular. "Sí, dígame". "Le llamo para informarle que usted y Miguel Ángel Granados Chapa tienen una demanda por un millón de pesos".

Era el infotografiable Gabriel Zaid, que había impuesto una demanda por haber publicado su imagen en la portada de *Mira*, sin su autorización. En el Museo de la Ciudad de México hubo un encuentro de intelectuales, artistas y políticos, que se reunieron para debatir el futuro de México y ahí Valtierra lo fotografió. Ha contado que con la cámara en mano buscaba a los personajes principales: Lorenzo Meyer, Arnoldo Martínez Verdugo, Heberto Castillo, Carlos Fuentes, Carlos Castillo Peraza…, cuando, de pronto, Jorge Eugenio Ortiz Gallegos, analista político, entonces miembro del PAN, le dijo: "Mire, Pedro, quiénes están ahí. Ahí tiene la foto…". Eran Gabriel Zaid y Carlos Fuentes, en plena charla, gesticulando y moviendo las manos con énfasis.

Zaid no se dejaba ver en público y menos fotografiar. Valtierra mismo lo había buscado varias veces para retratarlo y la negativa era siempre la misma. Al tenerlo frente a él, le disparó "a quemarropa", como ha relatado, sin que ni él ni Fuentes se dieran cuenta. Entregó las fotos a Granados Chapa, las vieron juntos y se decidieron por una de ellas en blanco y negro para que fuera la portada, que generalmente se imprimía a color. "La foto es muy buena", había calificado Granados Chapa.

El poeta y ensayista, Premio Xavier Villaurrutia y colaborador hoy de *Letras Libres*, argüía que no tenían ningún derecho a fotografiarlo; era su privacidad que quería conservar. Granados Chapa, abogado, argumentó que Valtierra había fotografiado a Zaid en un acto público, no en su casa, y que, por lo tanto, no había violado su intimidad, por lo cual la demanda no procedía.

Zaid había interpuesto la demanda en la Dirección de Derechos de Autor, donde se protege el derecho de autor, no el derecho a la imagen. "Él no es el autor de su rostro –señala Granados Chapa. Era una demanda más retórica que real, y me atrevo a calcular que fue al lugar equivocado para que no prosperara el asunto. Resolvimos el problema con cortesía, porque es un hombre magnífico: bueno, inteligente y productivo".

La directora de Derechos de Autor, Carmen Quintanilla, se sentía gozosa de intervenir en un conflicto que no le correspondía. Arbitró y concilió, los dos bandos estuvieron dispuestos a resolver con buen ánimo. Para desistirse, Zaid exigía que jamás se repitiera la publicación de la foto, pero Granados Chapa y Valtierra estaban imposibilitados a comprometerse a ello: habían circulado miles de ejemplares y eso ya no estaba en sus manos. El demandante se conformó con la promesa de que ellos no la reproducirían nunca más. Sólo así, Zaid retiró su demanda del millón de pesos. Dice Granados Chapa: "Fue un problema de principios que se pudo resolver con buena fe y el suceso se convirtió en anécdota y, además, le atrajo publicidad a *Mira*".

Cuando en 1994 la Cámara de Diputados designó a Granados Chapa consejero ciudadano del IFE, renunció a la dirección porque un requisito del cargo era que no estuviera empleado o subordinado a nadie, y él estaba supeditado al Consejo de Administración de la revista. Dejó como director de *Mira* a Humberto Musacchio que ni con su mirada vital logró hacerla despegar.

Miguel Ángel se asume como el único autor de la desgracia: "Le dejé el semanario en muy malas condiciones". Tuvo así la suerte de no vivir la agonía de aquel proyecto personal que terminó por cerrar ocho años después de su fundación, en 1997. La enseñanza fue puntual: se requiere solidez financiera para cualquier negocio y *Mira* jamás gozó de ella. Asegura el periodista que el mercado publicitario está distorsionado y la cantidad de anunciantes nada tiene que ver con la calidad de una publicación: hay publicaciones repletas de anuncios sin que su contenido ni su alcance lo justifiquen.

Él no quiso incurrir en una práctica que detestaba: confundir trabajo gerencial con labor editorial. "La mayor parte de las revistas viven de publicidad política, así sucedió con *Época*, de Abraham Zabludovsky, y *Macrópolis*, de Juan Pablo Becerra Acosta, que surgieron al mismo tiempo que *Mira* y sobrevivieron un periodo más prolongado. Si yo hubiera telefoneado a gobernadores de los estados o a gente del gobierno federal para pedirles que contrataran publicidad, la revista hubiera tenido más recursos. No lo hice porque no es ético", asegura Granados Chapa.

Desde su perspectiva, el responsable de la escritura no puede ser el responsable de los anuncios porque queda comprometido. Sin embargo, el círculo es pernicioso, porque los políticos no acceden a dar publicidad a menos que sea el responsable de la información quien les llame.

En 1996, cuando finalizó su labor en el IFE, la revista, ya en quiebra, estaba bajo la dirección de Manuel González Oropeza. Era inevitable, había que cerrar. Como al principio, sin cuestionamientos, Autrey apoyó a Miguel Ángel para liquidar las deudas. Insiste: "Se ratificó mi noción bien sabida de que carezco del más mínimo talento empresarial".

Años atrás había fundado con Miguel López Azuara y Roberto Galindo una imprenta que fracasó. Habían comprado una prensa alemana magnífica, pero no se dieron cuenta de que la cimentación en la que la colocaron estaba chueca y por eso imprimía mal. La revisaron mil veces, hasta que, cuando ya era demasiado tarde, constataron que la plataforma estaba inclinada. Perdieron dinero y, así como en *Mira*, tuvieron que cerrar con un fracaso económico a cuestas.

Granados Chapa va aún más lejos en su autocrítica. "Hay quien dice que lo que más interesa de los periódicos en los que he trabajado es mi columna. Quizá hubiera sido rentable dejar de publicar la Plaza Pública en otros diarios para que sólo pudiera ser leída en *Mira*, obligando a mis lectores a comprarla, pero no me atreví a hacer esa riesgosa apuesta. Temí quedarme sin revista y sin lectores". La aventura de Miguel Ángel en *Mira* fue breve; para él, sólo de cuatro años. En 1997 llegó a apagar la luz y a cerrar la puerta.

Consejero ciudadano

En 1994, la insurgencia zapatista y el asesinato de Luis Donaldo Colosio, candidato del PRI a la presidencia de la República, planteaban un escenario de crisis política, poniendo en riesgo el proceso electoral y la gobernabilidad del país. El presidente Carlos Salinas quiso promover reformas para dar credibilidad al Instituto Federal Electoral, la máxima autoridad administrativa en materia electoral del país, y creó la figura de consejeros ciudadanos, nombrados por acuerdo de los principales partidos políticos y dos terceras partes de la Cámara de Diputados, sustituyendo a los magistrados electorales que eran nombrados por el presidente de la República. Estos consejeros ciudadanos, seis en total, encarnarían un contrapeso frente a los funcionarios públicos y a los partidos políticos; serían gente con estima, calidad moral y credibilidad ante la opinión pública.

"Desde la década de 1960 lo escribí muchas veces en mi columna e, inclusive, en *Votar para qué*[5] –publicado en 1985–: era necesario terminar con el sistema dominante de partidos y llegar a una fórmula que garantizara una contienda equitativa", señala.

Conociendo su interés en el tema electoral, desde la primera sugerencia los partidos propusieron el nombre de Miguel Ángel Granados Chapa, presentado de manera conjunta por el PAN y el PRD, y el suyo fue el único que se repitió en las variadas combinaciones que se barajaron. La primera propuesta

---

[5] Véase el apéndice: "La historia detrás de los libros de Granados Chapa", página 181.

pretendía incluir a intelectuales de altos vuelos: Octavio Paz, Luis Villoro, Carlos Fuentes, Miguel León Portilla, creyendo que renunciarían, como pedían los diputados y senadores, a cualquier otra actividad y que serían consejeros de tiempo completo. Estas luminarias, mentes lúcidas y libres, ni siquiera consideraron la posibilidad de ser funcionarios.

Granados Chapa, que sí tenía intenciones de aceptar la responsabilidad, alegó la definición: "Si quieren consejeros ciudadanos no les quiten su condición de ciudadanos, no los hagan funcionarios". Fue más lejos: "Si concluyen que yo debo dejar de escribir, de antemano rechazo su ofrecimiento'".

Se reformó entonces la ley para que los consejeros pudieran seguir escribiendo. Burlón, Porfirio Muñoz Ledo le llamaba a esa modificación la "Reforma Granados Chapa", porque se hacía en su beneficio.

Tras varias combinaciones infructuosas, se planteó una nueva lista que finalmente fue aprobada por la Cámara de Diputados y los consejeros ciudadanos tomaron posesión en junio de 1994, ya avanzado el proceso electoral. Fueron elegidos: Santiago Creel, José Woldenberg, José Agustín Ortiz Pinchetti, Fernando Zertuche, Ricardo Pozas y Miguel Ángel Granados Chapa. De entre ellos, Woldenberg y Ortiz Pinchetti también escribían en los periódicos, pero Granados Chapa era el único que vivía sólo del periodismo. La elección en ese 1994 se realizaría de manera extraordinaria el 21 de agosto, y no el primer domingo de julio, como se acostumbra.

Las discusiones, según cuenta, se centraban en la credibilidad del padrón electoral, pieza clave para evitar el fraude que, por vez primera, quedó tipificado como delito. Había muertos registrados que votaban y numerosas credenciales falsificadas. En las comunidades pequeñas, donde todos se conocían, los opositores no estaban inscritos en el padrón y, aunque esas denuncias eran recurrentes desde 1940, nada se hacía para evitarlo.

Los consejeros ciudadanos hicieron estudios técnicos y muestreos y, poco a poco, fueron conociéndose, ganándose confianza para tener un rol significativo en aquel Consejo General del IFE, constituido por once miembros: los seis consejeros ciudadanos, a los que se sumaban cuatro representantes del Poder Legislativo que representaban a ambas cámaras y el secretario de Gobernación Jorge Carpizo, presidente del organismo.

Aunque por ley los consejeros ciudadanos no eran un grupo, sabían que con sus seis votos hacían mayoría. Casi siempre fue así, salvo un par de ocasiones en que Fernando Zertuche votó de manera independiente y en su contra.

"Nos dimos cuenta que si no participábamos como grupo, no íbamos a tener relevancia –recuerda Granados Chapa. Por ello, antes de cada sesión, nos reuníamos de manera informal para tomar posición, intercambiar puntos de vista y ponernos de acuerdo". Aclara que no fue sencillo llegar a puntos de vista cercanos, sin embargo, animados y con buena fe, conciliaban intereses.

Granados Chapa, por ejemplo, confiesa que antes de llegar al IFE tenía importantes desacuerdos con Woldenberg respecto a la administración de *La Jornada*, ambos eran accionistas y participaban en grupos rivales en el periódico. Esta tirante relación, sin embargo, se disipó muy pronto al relacionarse como consejeros del IFE. "Aprendí a respetar un punto de vista ajeno, a modificar mis ideas con la discusión, porque nuestro objetivo en común era aceptar el padrón y validarlo para que las elecciones resultaran creíbles", dice.

La aceptación del padrón, que fue el éxito de la intervención ciudadana, le generó a Granados Chapa un pleito terrible con Samuel del Villar, fundador del PRD, personaje cercano a Cuauhtémoc Cárdenas. Miguel Ángel y él se habían conocido en 1968, en *Excélsior*. Fueron cercanos amigos de 1970 a 1973 y casi hermanos de 1973 a 1976, años en los que estuvieron estrechamente vinculados, acordes en todo, complementando sus visiones de mundo en asuntos al interior de la cooperativa y en la política editorial del periódico. Empezaron a distanciarse en *Proceso* por tener una visión diferente en asuntos administrativos, como lo cuenta Vicente Leñero en *Los periodistas*, pero luego, con altas y bajas, se reaproximaron en la década de los ochenta, manteniendo el peso de fraternidad.

Fue en 1994 cuando se generó la ruptura total. "Samuel se fue volviendo difícil con los años, era muy berrinchudo y se peleó con medio mundo. Mi relación con el PRD era buena, sobre todo con Andrés Manuel López Obrador y con Cuauhtémoc Cárdenas, pero Samuel del Villar en nombre del PRD me cuestionó a muerte. Yo deploré su animadversión, numerosas veces le ofrecí encontrarnos, lo invité a una comida de avenimiento y, tristemente, ésta terminó casi a tiros", relata. Esta situación se prolongó así hasta la muerte de Del Villar en 2005.

Miguel Ángel era consejero ciudadano del IFE y Del Villar, representante del PRD ante el Consejo. Cuando se aprobó el padrón electoral, Del Villar presentó un informe en el que señaló a los consejeros ciudadanos como incitadores del fraude. Arguyó que las elecciones se estaban organizando para golpear a Cárdenas por segunda vez e insistía que el padrón estaba amañado. Dijo: "Esta vez no será necesario que el gobierno cometa fraude; los consejeros ciudadanos lo harán por él".

Las reuniones con Del Villar fueron ríspidas, severamente ásperas. Acusaba dolo y, según Granados Chapa, no había forma de hacerlo entrar en razón. Sin considerar los problemas de homonimias, decía, por ejemplo, que había dos mil personas con el nombre de Antonio Hernández Hernández o el de Pedro Pérez Pérez y ello, para él, era prueba del fraude. Ni con pruebas de la existencia de cada uno de esos individuos había posibilidades de conciliación.

En una larga sesión del Consejo, cerca de las dos de la mañana, Granados Chapa, fastidiado por la crítica de Del Villar, externó su postura política, una situación que le provocaría conflictos con otros miembros del IFE. Dijo: "Yo no quisiera un nuevo fraude porque volveré a votar por Cuauhtémoc Cárdenas, como en 1988. Por eso puedo asegurar que el padrón no será instrumento para un nuevo timo o engaño".

Esto provocó que el PRI, a través del diputado Enrique Ibarra, le lanzara a Granados Chapa una acusación de parcialidad en el seno del Consejo. "Ello era irreal, todos teníamos una afinidad partidista. Yo simplemente la hice pública", dice.

Ibarra le confesó a Miguel Ángel que el PRI le encomendó hacerle la acusación. Sin embargo, no todos los miembros del partido estuvieron de acuerdo. Ignacio Ovalle, representante de los diputados del PRI ante el Consejo del IFE, tras escuchar a Ibarra replicó: "Nadie ignora aquí cuál es la posición política de Granados Chapa y fue en función de eso que se le nombró consejero ciudadano. La imparcialidad se le pide al tomar postura en el IFE, no como individuo, en donde puede y debe de gozar de libertad. Yo no comparto el punto de vista de mi partido". Con esa intervención, que dividió al PRI, acabó el asunto. Reconoce Granados Chapa: "Ovalle fue muy valiente y generoso conmigo".

La pluralidad en el grupo de consejeros era conocida. Woldenberg había renunciado al PRD en malos términos. Pozas y Zertuche eran afines al PRI, Creel al PAN y Ortiz Pinchetti al PRD. No obstante, ninguno de ellos, asegura el periodista, antepuso nunca su visión partidista ante la responsabilidad de garantizar elecciones limpias.

La fragilidad del IFE, en aquella primera versión en la que innovó con consejeros ciudadanos, era evidente. Granados Chapa resalta especialmente dos problemas. Uno, que el presidente del IFE fuera el secretario de Gobernación y que sin él, aunque tuviera un solo voto entre once, no sesionara el Consejo.

En segundo término, que el Consejo fuera deliberativo y no ejecutivo, es decir, que sólo planteara documentos y propuestas, y no tuviera a su cargo la responsabilidad de llevar a cabo las elecciones. La hechura de estas últimas descansaba en la Junta General Ejecutiva que, bajo la dirección de Arturo Núñez, generaba diferencias ásperas y continuas con el Consejo del IFE. Núñez llegó al extremo de sugerir y maniobrar para que el Partido Popular Socialista mantuviera su registro, a pesar de no haber reunido el 2% obligatorio de los votos. "La junta ejecutiva era quien nos daba las propuestas y quizá nos metía goles porque no teníamos capacidad para consumar acuerdos", dice.

Estas situaciones se corrigieron a partir de 1996, cuando Woldenberg asumió el cargo de presidente del IFE y lo transformó en órgano constitucional autónomo. "Nosotros vivimos apenas una probadita de autonomía, la verdadera libertad la ejerció el IFE de 1996 a 2003 cuando Woldenberg, quien más sabe del sistema electoral en nuestro país, un hombre inteligente y honesto, asumió la dirección del organismo con capacidad para ejecutar y participar en la gestación de las resoluciones, antes una labor limitada", dice.

El grupo de consejeros ciudadanos, que había sido elegido sólo para ocuparse del proceso electoral, realizó tan buena labor que la Cámara de Diputados les extendió, en diciembre de 1994, un nuevo nombramiento para mantenerse en el cargo siete años más. Cuando se gestaba la nueva reforma electoral, que fue publicada en agosto de 1996 y que incluía la no reelección de los consejeros ciudadanos, cinco de los seis consejeros (menos Fernando Zertuche) se opusieron a ello en los términos en que se estaba planteando, porque podían ser sometidos a un "despido constitucional". Amenazaron que renunciarían si ésta se aprobaba en las condiciones propuestas. Finalmente lo hicieron cumpliendo sólo dos años en el cargo, es decir, de 1994 a 1996.

El 28 de septiembre de 1994 quedó registrado como una efeméride lamentable. Comenzó la sesión y no llegó José Francisco Ruiz Massieu, representante del PRI ante el IFE y quien a menudo se sentaba justamente al lado derecho de Miguel Ángel, cuya silla en la mesa de herradura estaba en la frontera con los representantes de los partidos. A veces tenía a su lado a Felipe Calderón, representante del PAN, con quien mantenía excelente relación, a veces a Ruiz Massieu y casi nunca a Samuel del Villar, del PRD. Estaban en sesión cuando les informaron que su compañero había sido herido. Interrumpieron la reunión y como grupo, todos los consejeros se marcharon al Hospital Español, a donde había sido trasladado. Ahí conocieron la noticia de su fallecimiento.

Al hacer el balance personal de su labor como consejero del IFE, Granados Chapa señala: "Sé que dejamos huella como grupo. En términos personales reconozco que el PRI y el PRD me atacaron; curiosamente, sólo el PAN me felicitó ampliamente e inclusive me ofreció una comida de agradecimiento".

Según Miguel Ángel, José Woldenberg como consejero presidente del IFE hizo una labor espléndida. "Su gran virtud es ser sabio y prudente, desesperadamente prudente. Ni timorato, ni hombre de arrebatos; sabe escuchar, sustenta sus ideas y pelea a muerte para conciliar", afirma. Después de su salida, asegura, el IFE ha sido mal manejado y se ha corrompido su autonomía. "La estructura del IFE es la correcta, pero hay consejeros demasiado ligados a los partidos que los propusieron. Ugalde como presidente asumió funciones que no le correspondían al nombrar presidente a Felipe Calderón", asevera.

Hoja por Hoja

Al término de su función en el IFE, en septiembre de 1996, Miguel Ángel necesitaba un espacio para trabajar. Dejaba de ser funcionario para retornar a la vida civil. *Mira* ya no daba para más y había que liquidar a la gente, cerrar la revista en definitiva. Se quedaba sin oficina.

Su Plaza Pública se publicaba diariamente en los periódicos del Grupo Reforma y se distribuía a través de la Agencia Mexicana de Información, de José Luis Becerra, quien en la década de los ochenta tuvo la iniciativa de sindicar la Red Privada de Manuel Buendía, Los Intocables de José Luis Mejías y la Plaza Pública de Granados Chapa, para fortalecer las columnas políticas más críticas en tiempos de álgida censura gubernamental. Miguel Ángel decidió que para financiar una oficina propia, él mismo distribuiría su columna a los diarios de provincia. Quería, además, sumar en un proyecto de trabajo común a sus hijos: Luis Fernando, Tomás Gerardo y Rosario Inés, que sería sólo accionista porque estudiaba en Harvard. Concibió Libraria, una sociedad anónima para editar *Hoja por Hoja*, un suplemento mensual dedicado a la actualidad editorial.

"Yo era el director del suplemento, pero Libraria era de mis hijos. Por lo tanto, era yo su empleado", dice. El primer sábado de junio de 1997 editaron un primer número encartado en el periódico *Reforma* y en sus diarios afiliados: 18 páginas con comentarios de libros y cuatro páginas de publicidad que permitían financiar la operación. "Era un proyecto que significaba ganar-ganar", asevera. *Reforma* aportaba el papel, la impresión y la distribución, a cambio de dos páginas gratuitas de publicidad. Libraria se encargaba de la edición y la venta del resto de los anuncios. Y Miguel Ángel gozaba dirigiendo un negocio familiar con la presencia activa y participativa de sus hijos.

El tiraje rebasaba los 350 mil ejemplares. El objetivo era difundir, mediante reseñas, artículos de opinión y reportajes, asuntos sobre la arena editorial hispanoamericana, con énfasis en los libros que se publicaban en México. Servía de espacio de discusión de temas relacionados con el fenómeno de la lectura, el mundo de la edición, las bibliotecas, la legislación del libro, los aniversarios significativos –de obras antes que de autores– o las diversas formas del libro.

Todo marchaba sobre ruedas hasta que, en octubre de 1998, Granados Chapa decidió ser candidato a gobernador de Hidalgo y sus hijos lo despidieron. "Era la primera vez en la vida que alguien me corría, pero tenían razón. No era compatible que fuera director de Libraria y candidato en la contienda electoral. Además, en aquella época estaba físicamente en Hidalgo", señala.

Luis Fernando asumió la dirección, pero sólo por unos meses porque luego se marchó a Washington para hacer su doctorado en Historia en la Universidad de Georgetown. "Recientemente su tesis doctoral fue premiada como la mejor en el área de humanidades. Estudió las repúblicas de indios, su autogobierno, en el periodo de la historia de México de finales del siglo XVIII al XIX. Censó a todos los indios que vivieron en la Ciudad de México; los conocía por nombre y apellido", se infla de orgullo paterno.

Tomás Gerardo quedó como director, ampliando la labor a la edición de libros con las colecciones Libros sobre Libros, en coedición con el Fondo de Cultura Económica, obras para editores, libreros, autores, sobre la historia del libro; y Qed (siglas de *Quod erat demonstrandum*, "que es lo que había que demostrar", frase con que suele rematarse la prueba de un teorema), coeditada con el Consejo Nacional para la Cultura y las Artes. Matemático de profesión, Tomás Gerardo tenía la intención de asomarse a la historia de algunos conceptos matemáticos para comprender el desarrollo de esta ciencia, exigiendo una participación activa de los lectores a través de inusuales biografías

y respuestas históricas a por qué ciertos métodos se difundie-
ron y siguen empleándose. Uno de sus títulos fue, por ejemplo,
La historia de π de Petr Beckman. Con la estabilidad económica
que *Hoja por Hoja* ofrecía a Libraria, Tomás Gerardo podía editar estos libros especializados que, en ambas colecciones, sumaron una veintena de títulos. Asimismo, pudo realizar
anualmente, a partir de 2003, actividades ambiciosas como el
Seminario Internacional para Editores y Libreros.

Miguel Ángel siguió siendo parte del Comité de Redacción,
escribiendo reseñas de vez en vez. En febrero de 2009, tras casi
doce años de publicación ininterrumpida, *Reforma* decidió can-
celar *Hoja por Hoja*, el único suplemento dedicado a libros en
México, a causa del incremento en el costo del papel. "Sin ello,
el proyecto dejó de ser viable. Simplemente Libraria desapareció", califica Granados Chapa.

Tres años antes, en 2006, intentó con sus hermanos Emelia
y Horacio, ya fallecidos, un proyecto editorial: Granados
Chapa Editores, una aventura fallida. Publicaron dos libros que
nunca lograron distribuir: *La transición inconclusa* de Francisco
Paoli Bolio y *Las razones de López Obrador* de José Agustín Ortiz
Pinchetti. "Fue un fracaso monumental, supuse que la distribución iba a ser fácil; nos encomendamos a una empresa inútil
que terminó regresándonos todo sin colocarlo en librerías. Los
ejemplares están arrumbados en la oficina de Libraria que
pronto desocuparemos. Nunca logré ser exitoso en los negocios", concluye.

Incursión política:
Felipe Calderón le "jugó chueco"

Miguel Ángel Granados Chapa siempre tuvo claro que la política no era lo suyo, pero en 1998 tuvo la ilusión de derrotar al PRI en Hidalgo, "su tierruca", con una alianza entre el PAN y el PRD, y proponer, en esas condiciones, su candidatura como gobernador. Andrés Manuel López Obrador era el presidente del PRD, y Felipe Calderón, el titular de Acción Nacional. A ambos los conocía y sentía que tenía amplias posibilidades de lograr la primera alianza contra el partido dominante en la historia del país. Consideraba que su estado había sido gobernado por "indolentes y perezosos", una inercia de personajes priístas "ávidos de dinero" que destinaban muy poca energía al ejercicio de la política.

Confiaba, además, en que conocía a fondo la problemática de su estado, uno de los cuatro más pobres de la República, "paupérrimo entre los miserables", y esperaba que con un pacto entre partidos opositores alcanzaría el triunfo en las urnas. No fue así y su fracaso fue absoluto. Pensó que la coalición era factible porque tanto AMLO como Calderón sostenían la posibilidad de una alianza.

Sin embargo, el PAN no mantuvo lo acordado verbalmente. "Felipe Calderón me jugó chueco", califica. El periodista asegura que Calderón tenía un trato con el entonces gobernador de Hidalgo, Jesús Murillo Karam y, sin que Granados Chapa lo supiera entonces, estorbó cada paso. "Me resultó chocante que no lo explicitara, que no me diera la cara, que dejara correr la idea de la alianza", acusa.

Granados Chapa se queja que la convención interna del PAN –en la que tenía que ganarle la candidatura a Francisco Javier Berganza, un cantante– estuvo amañada. Al ver los resultados y constatar la forma en que se había llegado a ellos, peleó para que éstos se anularan. El PAN no tuvo alternativa y aceptó convocar a una segunda convención, pero, asegura Granados Chapa, en las mismas condiciones fraudulentas.

"Hablé con Calderón esa noche, le dije que no era correcto no modificar las condiciones que provocaron el fraude. Alegó, pero no estaba dispuesto a explicar nada. No podía. Estaba en falta y no se atrevió a confesarme que no quería la alianza", se queja Granados Chapa.

¿Esa actitud de Calderón habrá sido porque Miguel Ángel Granados Chapa era el candidato y quizá le incomodaba tener en sus filas a un hombre insumiso, o habrá sido por la alianza del PAN con el PRD, un nexo hasta ese momento insólito? Responde: "Por mí. Supongo que Calderón, como presidente de Acción Nacional, estaba acostumbrado a que los candidatos se subordinaran a él y al partido. Bien sabía que ése no iba a ser mi caso y temió que yo hubiera resultado un candidato difícil, y luego, un gobernador incómodo".

Granados Chapa está convencido que con la alianza bipartidista hubiera ganado y habría sido un buen gobernador: "Conozco bien a mi estado, conozco sus problemas". Lamenta, sin embargo, no haber renunciado cuando las condiciones de la alianza se rompieron: "Nadie me torció la mano, nadie me puso una pistola en la cabeza, pero yo seguí erróneamente…".

Señala que hubo una especie de presión por parte del PRD porque había invertido demasiado tiempo en la espera de la coalición y sus estatutos, que son rígidos para las candidaturas, ponían al partido en riesgo de no tener candidato. Es tajante con la autocrítica: "Fue un error absoluto de mi parte, quizá lo único de lo que me arrepiento en mi vida. Fui tan mal candidato que ocurrió un fenómeno singular: es común, cuando hay elecciones simultáneas de diputados y gobernadores, que el candidato a gobernador tenga más votos que los candidatos a diputados. En mi caso ocurrió lo contrario. José Carreño Carlón, que fue mi amigo cercano y ahora ya no somos ni siquiera amigos, con mordacidad dijo que yo tenía más lectores que electores, y tuvo razón".

Esta situación lo distanció de Felipe Calderón. No obstante, aplaudió en su Plaza Pública del 31 de mayo de 2004 su renuncia como secretario de Energía, después de que el presidente Vicente Fox lo descalificara por su postulación anticipada como precandidato del PAN a la presidencia del país. Señala Granados Chapa: "Me gustó su oposición a Fox, su renuncia al gobierno por considerar que no gozaba del suficiente respaldo, autoridad y capacidad de interlocución como secretario de Estado, y su firme determinación para ser candidato a la presidencia. Me parecía mucho mejor candidato que Santiago Creel, que es mi amigo y, a pesar del distanciamiento personal, no tuve empacho en hacer pública mi opinión".

Cuando Calderón ganó la candidatura del PAN en 2005, Granados Chapa le telefoneó para pedirle una entrevista para su programa en Radio UNAM. Calderón aceptó: "Déjeme llegar a la oficina para ver la agenda y poder concertar el encuentro". Antes de colgar, el candidato añadió un pendiente: "Usted y yo tenemos un asunto que se ha postergado sin resolver…". Habían pasado siete años. Calderón no llamó a Granados Chapa ni ese día, ni los subsecuentes. De hecho, nunca le llamó y la entrevista no se dio. Tampoco hubo ningún contacto entre el periodista y el político tras la elección que convirtió a este último en presidente de México.

Sólo recientemente, con motivo de la medalla Belisario Domínguez que le entregaría el Senado a Granados Chapa, el presidente lo invitó a hablar con él. "Supongo que para ver cuál iba a ser mi talante en el Senado", elucubra. Sin embargo, el periodista aprovechó el espacio para confrontar a Calderón, para interpelarlo por la participación en su gabinete de Genaro García Luna como titular de la Secretaría de Seguridad Pública Federal, un tema que continuamente cuestiona en su Plaza Pública. "El presidente desdeñó todos mis argumentos", dice.

Granados Chapa se refirió a los manejos turbios y torpes de la Agencia Federal de Investigación que García Luna creó y dirigió. Ejemplificó con el caso de Guillermo Vélez Mendoza, joven que trabajaba en un gimnasio, erróneamente señalado por la AFI como integrante de la banda de secuestradores Los Ántrax. Lo habían detenido sin orden de aprehensión, lo torturaron y como no confesó lo que esperaban, porque no tenía nada que confesar, acabaron por matarlo. Granados Chapa fue defensor acérrimo del caso de este muchacho, paradójicamente hijo de Guillermo Vélez Pelayo, quien en la década de 1960 fue líder de MURO y quizá uno de los dirigentes que lo mandó golpear tras denunciar las actividades de este organismo en *Crucero*.[6] A finales de 2009, tras siete años de cuestionamientos, la Procuraduría General de la República tuvo que ofrecer una disculpa pública confirmando que el joven asesinado no había sido secuestrador ni delincuente.

Asimismo, destacó el homicidio de Enrique Salinas de Gortari, hermano del ex presidente de quien se sospecha murió tras ser extorsionado por miembros de la AFI. La justicia francesa había pedido a Interpol México la localización de Enrique para aclarar una investigación de cuentas bancarias a nombre de la familia Salinas de Gortari en bancos parisinos, en las que parecía blanquearse dinero del narcotráfico. Interpol pidió ayuda a la AFI y se presume que cuando lo localizaron, le exigieron un soborno a cambio de ocultarlo de las autoridades galas. Como no recibieron el monto exigido, lo mataron, hipótesis que sostuvo Alfonso Navarrete, entonces procurador mexiquense. Granados Chapa le argumentó a Felipe Calderón que García Luna mismo entorpeció las investigaciones de la PGR protegiendo a uno de los implicados, su subordinado en la AFI. Cuando lo citaron a declarar, lo mandó a Washington en misión oficial y, como la diligencia se pospuso por otros intereses, el caso acabó por cerrarse.

El periodista, por último, se refirió a la dimisión de Roberto Campa, a quien García Luna relevó en septiembre de 2008 de su cargo al frente del Sistema Nacional de Seguridad Pública, arguyendo que renunció para atender "un proyecto político

---

[6] Véase el capítulo: "*Crucero*: el inicio", página 29.

personal". Calderón se enteró que así no fue porque el mismo Campa le envió una misiva aseverando que García Luna lo corrió.

Dice Granados Chapa: "Le dije a Calderón: 'Si en algo tan simple como lo de Campa le mintió, por qué con tantas pruebas de su ineficiencia e intriga, sigue usted creyendo en él'. El presidente no quiso atender razones. Quizá protege a García Luna porque, como dice la periodista Anabel Hernández en su libro *Los cómplices del presidente*, éste tiene grabaciones de la campaña de Calderón que lo incriminan y exhibirían la forma fraudulenta en la que llegó a la presidencia. Supongo que lo mantiene en su gabinete por miedo…".

Meses atrás de aquel encuentro con Calderón en Los Pinos, Margarita Zavala –con quien Miguel Ángel siempre tuvo un vínculo de cercanía– lo había invitado a comer. Relata: "Comimos Javier Corral, Margarita y yo. Muy dolida ella, hablando en nombre de su marido, me preguntó por qué yo no entendía al gobierno. Le respondí: 'Sí lo entiendo, pero antes teníamos puntos de afinidad porque ustedes estaban fuera de él, pero ahora, en el poder, se comportan igual que el PRI. Han dejado de ser críticos'. Ella es una buena persona, quería expresarme su pesar porque la relación entre nosotros había dejado de ser buena. Insistía: 'Felipe y yo, como tantos de nuestra generación, nos formamos en buena medida con su trabajo. Nos duele su crítica'. Yo sabía que era cierto, pero no tengo otra alternativa que cumplir con mi rol: analizar con visión crítica el comportamiento del presidente y de los funcionarios en el poder".

El presidente Calderón al reunirse con el periodista, días antes de la entrega de la medalla en el Senado, no abordó la conversación de aquella comida con su esposa. Luego, en el Senado, Miguel Ángel relata que cruzaron "frases impertinentes" cuando estaban haciendo guardia ante Belisario Domínguez. "Me dijo: 'Quiero aclararle lo que sucedió con Roberto Campa'. Le respondí: 'Sí, pero no aquí, busquemos otro momento'. Contestó: 'Yo le llamo'". Ese momento no ha llegado y Granados Chapa se convence: "No tiene gana de conversar conmigo".

Si bien cara a cara no ha habido intercambio, sí hubo un enfrentamiento epistolar que de nueva cuenta implica a García Luna. El 9 de mayo de 2010, Miguel Ángel Granados Chapa cuestionó en su Plaza Pública titulada: "El ahorrativo secretario y su par el Presidente", la ineficiencia del secretario de Seguridad Pública, misma que atribuyó en esa columna a "la atención que presta a su patrimonio personal", acrecentado sin explicación pública y sin justificación con respecto a sus declaraciones patrimoniales, como dio a conocer *Reporte Índigo*. Granados Chapa metió en el mismo saco al presidente Calderón que, con base en la información de Daniel Lizárraga y Álvaro Delgado de *Proceso*, ha incrementado el terreno de su residencia en Las Águilas, a donde irá a vivir después de Los Pinos, de 174m² –que medía en 2003– a 1940m², es decir, once veces más.

Escribió: "Es tradicional la manía inmobiliaria de quienes encabezan el gobierno, pertenezcan al partido que sea. El propio presidente Calderón no ha escapado a esa obsesión que suele ir acompañada con opacidad en los recursos personales". La respuesta no se hizo esperar. La réplica del presidente a *Reforma* fue publicada a la mañana siguiente, escrita por Maximiliano Cortázar, coordinador de Comunicación Social de la Presidencia de la República. "Disimularon la compra, especificaron los créditos que la avalan, una justificación que no desmiente los hechos", insiste el periodista.

Esta respuesta obligó a García Luna a contestar por vez primera a los cuestionamientos de Granados Chapa: "Tenía que hacerlo, si el presidente lo hizo, a él no le quedó más remedio". El periodista afirma que por lo general quienes contestan no tienen razón, por eso reaccionan. "Se sienten aludidos e intentan descalificarme, pero lo hacen de modo tal que ratifican lo que yo escribo", sentencia.

El funcionario acusó al periodista de tener una "estrategia sistemática de calumnia y difamación" en su contra, pero ello sólo sirvió para que Granados Chapa externara su antigua inquietud por la índole de su trabajo personal, y arremetiera nuevamente contra "el preocupante silencio que hay en su desempeño, tan necesitado de análisis por la impericia, ineficacia y fragilidad de su desarrollo". Habló de la falta de una política coherente en su secretaría y de la corrupción del personal a su cargo. Insistió que no deja de sorprender verlo "elevado al gabinete no obstante su triste historial en la AFI, obra suya que él mismo se encargó de destruir".

Con ello, cuestionó una vez más a García Luna y al propio presidente Calderón por empeñarse en sostenerlo en el cargo, sin ofrecer los resultados que se esperan de quienes detentan el poder en un México que, día a día, se desmorona por la inseguridad galopante.

El vínculo con el poder

"La relación más llana que tuve con algún presidente fue con José López Portillo; con quien más hablé fue con Carlos Salinas", dice con respecto al nexo que ha mantenido con los titulares del Ejecutivo.

Sin embargo, aclara: "Algunos periodistas se sienten marginados si el presidente no los mira o no los llama. A mí nunca me ha importado, siempre he sentido indiferencia ante los poderosos. Estoy convencido que con la cercanía es muy difícil obtener algo de provecho informativamente…".

Sostiene que hay una cuatachería muy frecuente, más ahora que en tiempos del PRI, entre ciertos columnistas políticos a quienes les viste relacionarse con los poderosos, tutearse con los funcionarios: "De ello derivan su propia importancia, del calibre de sus amigos. Yo a eso le rehúyo". No obstante, cuando los funcionarios lo llaman a charlar o lo invitan a citas en privado, siempre acude. Las anécdotas de estos encuentros son reveladoras, algunas inclusive colmadas de gracia.

A López Portillo, el Ateneo de Angangueo lo invitaba a sus reuniones en casa de Iván Restrepo. Además de Miguel Ángel, también formaban parte del grupo: Carlos Monsiváis, Elena Poniatowska, Paco Martínez de la Vega, Manuel Buendía, Alejandro Gómez Arias y Fernando Benítez, entre otros. "Había una relación cercana con López Portillo, pasaba por ser un hombre de letras, más un intelectual que un político. Era cinicón, eso le permitía ser abierto y la relación con el grupo se fue tornando franca".

Cuenta que la primera vez que se reunió con López Portillo era secretario de Hacienda, tiempo antes de contender a la presidencia. Había invitado al Club de los Industriales, entonces ubicado en el hotel Camino Real, a un grupo de políticos que Carlos Hank González continuamente reunía: Jorge Tamayo, Armando Labra, Enrique Rubio y Miguel Ángel, el único periodista.

López Portillo llegó tarde a la cita y, para cuando apareció, una hora después, ya estaban de pie conversando en grupitos. "Abatió las puertas de la entrada con fuerza, eran de aquellas que había en las cantinas, y como yo estaba ubicado junto a ellas, fue conmigo con la primera persona que se topó. Me abrazó y, mientras lo hacía, dijo en voz alta para que todos pudiéramos escucharlo: 'Discúlpenme que venga tan tarde, es que vengo de un tibio lecho'. A nadie le importaba, pero él quiso hacérnoslo saber".

Miguel Ángel acepta que llegó a deificar a López Portillo en 1982, sobre todo tras la nacionalización bancaria. Contraviniendo su tono escueto, su distancia analítica sin adjetivos, escribió entonces en su Plaza Pública: "Estimo que esta medida será beneficiosa para nuestra República", "otro sol brilla para México", aplaudió "el vasto oleaje de emoción", la medida que "precisa hacer circular savia popular y nacionalista".

Hoy aclara: "La medida me parecía importante, era necesaria, y aún hoy la aplaudo con entusiasmo, pero es cierto: deifiqué al presidente".

Asegura que siempre ha guardado distancia con los poderosos y los ha denunciado cuando ha sido preciso hacerlo. De hecho, uno de los episodios más célebres de su trabajo periodístico resultó tras publicar que el presidente José López Portillo estaba por recibir un rancho en Tenancingo. Por la acusación de Miguel Ángel Granados Chapa, el jefe del Ejecutivo se vio obligado a regresarlo sin estrenar.

"En agosto de 1981 supe que el gobernador Jorge Jiménez Cantú le acababa de regalar un rancho a López Portillo, por el rumbo de Toluca. Fui a ver la propiedad, era un insulto, era como el tributo de un señor feudal. Describí el rancho en mi Plaza, pero reconozco que hubo una sagacidad de mi parte: el rancho ya era suyo y yo dije mañosamente que estaban 'a punto de darle ese regalo insolente', 'muestra de cortesanía contraria a la vida republicana'. Fingí, lo confieso".

Esa tarde, López Portillo le escribió al periodista una carta manuscrita, que publicaría Granados Chapa en *unomásuno*, en la que señalaba que nunca había tenido vocación patrimonial y que, aunque ese rancho le gustaba muchísimo, no lo aceptaría. Ello se volvió un acontecimiento en la vida pública.

Muchos años después, hablando de Reyes Heroles, en una de las conversaciones que Granados Chapa le pidió a José López Portillo para escribir su tesis doctoral, el ex presidente le echó en cara aquel incidente. Cuenta que repentinamente le espetó: "El rancho aquel del que usted me privó". Puntualiza Granados Chapa: "Fue evidente que tenía el rencorcito bien metido en su ser".

Con Miguel de la Madrid, quien gobernó de 1982 a 1988, tras el sexenio de López Portillo, la relación fue tirante y escasa. Era muy receloso de *La Jornada* y se mantenía crítico y distante. Cuando lo destapó López Portillo, Granados Chapa estaba de viaje en Europa. En Madrid recibió un telegrama de Manuel Buendía: "De la Madrid candidato, mejor no vuelva". Entre broma y veras, así parafraseó Buendía el temor que compartían los miembros del Ateneo de Angangueo con respecto a que "la derecha" tomara el poder.

Granados Chapa jamás se reunió con De la Madrid mientras fue presidente. Al término del sexenio, Manuel Alonso, quien fuera vocero presidencial, le envió una carta al periodista en la que deploró su escasa relación, enfatizando que le hubiera gustado que el nexo con el presidente hubiera sido más cercano.

Esta relación fue diametralmente distinta con Carlos Salinas, presidente de 1988 a 1994, quien se caracterizó por ser cercano y muy persuasivo. Cada vez que Miguel Ángel escribía algo en lo que él no estaba de acuerdo, lo buscaba para discutir el asunto. Hablaba personalmente a su casa, sin intermediarios, tenía todos los teléfonos del periodista en su agenda personal y alguna vez, inclusive, marcó a la casa de sus hijos.

"No sabía yo que tuviera el número de la casa de mis hijos", dice Granados Chapa. En aquella ocasión, con absoluta cordialidad habló con Marta Isabel Salinas, quien había sido esposa de Miguel Ángel durante doce años, hasta 1978. Le preguntó: "¿Con quién hablo?". "Soy la señora Salinas". "Ah, ¡qué sorpresa! Se apellida usted Salinas, como yo, a la mejor somos parientes". "No creo, señor presidente…", remató ella. Cuando Salinas encontró a Miguel Ángel le dijo: "¿Con que a la mejor tus hijos son mis parientes?".

Señala: "A Salinas lo conocí desde antes de que fuera secretario de Programación, era mucho menor que yo, un muchacho vivaracho, ayudante de amigos míos como Gonzalo Martínez Corbalá, Heladio Ramírez y Paco Martínez de la Vega, a quien él le tenía devoción. Había que verlo con atención porque era evidente que algo iba a pasar con él, era demasiado despierto. Cuando fue secretario de Estado, nos veíamos con cierta regularidad. Y ya luego, en *La Jornada*, pasamos del desdén de De la Madrid, al cercano interés de Salinas".

Cuando Salinas fue electo presidente, Miguel Ángel comenzó a hablarle de usted. A Salinas no le pareció. "Me dijo: 'Pero si nos hablamos de tú'. Respondí: 'Antes usted no era presidente'". Se estableció una relación desigual porque Miguel Ángel siguió con el usted, y Salinas, con el tú. Señala Granados Chapa: "No podía haber nada más molesto que eso, pero no quise hablarle de tú por un atávico respeto que le tengo a la investidura".

En *La Jornada* cuestionaron su victoria tras la elección en la que Manuel Bartlett, entonces secretario de Gobernación, se excusó arguyendo que "se cayó el sistema". Acusaron el fraude y señalaron, como era evidente, que Cuauhtémoc Cárdenas había arrasado. "No fue nunca tabú entre Salinas y yo hablar de las condiciones muy precarias en las que él había llegado al gobierno", señala Granados Chapa. Cuando Salinas le insistía: "yo gané", el periodista le replicaba: "Nunca han probado su triunfo porque el PRI se robó las urnas, el gobierno de De la Madrid se niega a enseñar las actas".

Sin embargo, muy pronto, en 1989, Salinas hizo cosas que a Miguel Ángel le simpatizaron y que le brindaron la legitimidad necesaria para ser un buen gobernante: meter a la cárcel a Joaquín Hernández Galicia, La Quina, el corrupto líder petrolero; desplazar del sindicato de maestros a Jonguitud Barrios; y, sobre todo, encarcelar a José Antonio Zorrilla, asesino de Manuel Buendía. Inclusive, Granados Chapa llegó al extremo de ver con buenos ojos el Programa Nacional de Solidaridad: "No me engañé, era obviamente un programa político electoral, pero me hice el razonamiento de que era bueno porque beneficiaba a quienes más lo necesitaban".

En ese contexto de simpatía y cercanía, el presidente Salinas le hizo "una trastada" a Granados Chapa en septiembre de 1992. El delegado de Pronasol, Rogelio Vizcaíno, quiso bautizar una escuela en Pachuca con el nombre de su madre: Florinda Chapa, educadora por más de ochenta años. Razona: "Me incomodó, pero no tenía derecho ni posibilidades de oponerme. Ya había muerto mi madre y mis hermanos se sintieron gozosamente agradecidos y honrados, estaban orgullosísimos. Yo, sin embargo, no me engañaba: era la maniobra de un manipulador. Salinas buscaba cercanía".

Vizcaíno había sido revolucionario, quizá hasta guerrillero, y Salinas con gran astucia supo cooptar gente de izquierda asignándoles cargos públicos o manteniendo vínculos de cercanía. Como delegado de Pronasol, Rogelio se acercó a los hermanos de Miguel Ángel y fijó la fecha: al mediodía de un sábado de finales de 1992. Granados Chapa no quería ir, no se quería prestar. Estaba en una difícil disyuntiva: tampoco podía impedirlo.

En la víspera de ese sábado, recibió una llamada de Carlos Salinas: "Oye, Miguel Ángel, te quiero invitar un café". "Con mucho gusto, señor presidente". "¿Te parece bien mañana como a las diez de la mañana?". Le pareció extraño que fuera en sábado, siempre se veían entre semana, pero aceptó gustoso. Desde su ingenua perspectiva, era la perfecta coartada para no ir a Hidalgo. Llamó a sus hermanos, les dijo que había surgido ese inconveniente, una cita de última hora con el presidente y aclaró que seguramente no llegaría a tiempo al evento.

Tomaron café, platicaron de trivialidades y como a las once de la mañana, Salinas abalanzó la estocada: "Tengo entendido que van a inaugurar la escuela de tu madre en Pachuca, te quiero pedir que me permitas acompañarte". Se fueron en helicóptero. Los acompañó Ernesto Zedillo, secretario de Educación, y José Carreño, director de Comunicación de la Presidencia, antes amigo de Granados Chapa y en ese momento enemigo atroz de *La Jornada*. Relata: "Caímos del cielo. Mis hermanos estaban en el templete y, frente a ellos, estaba reunida la gente del pueblo. Nadie sabía que el presidente iba a llegar. Fue una sorpresa porque no estaba anunciado".

Granados Chapa decidió contar el hecho en su Plaza Pública, se sentía más cómodo con sus lectores confesándolo: "Quise que se supiera, agradecí el gesto a Salinas a sabiendas de que tenía que ver con mi oficio periodístico. No dije que me incomodó, pero sí dejé claro que no iba a modificar mi criterio al examinar los actos del presidente".

En 1993 Granados Chapa comenzó a ser muy crítico con el Tratado de Libre Comercio, uno de los principales proyectos del salinismo. Fue el inicio del distanciamiento. Además, en Radio Mil, donde el periodista tenía un noticiario matutino de seis a diez de la mañana, le dio tribuna en septiembre de 1993 a Cuauhtémoc Cárdenas, quien había contendido contra Salinas por la presidencia de la República y cuyo triunfo seguía siendo motivo de puntuales cuestionamientos por parte de la opinión pública.

Ello tuvo consecuencias. Los directivos de la radiodifusora le exigieron que sometiera a aprobación su lista de invitados. Granados Chapa no aceptó y lo corrieron. Sucedió lo mismo con Enrique Quintana, en Stereo Cien, quien en agosto de 1994 entrevistó a Eduardo Valle, líder del movimiento estudiantil de 1968.

Con enorme cinismo, Salinas le llamó a Granados Chapa para deplorar su salida, inclusive le ofreció que eligiera el programa que él quisiera en la estación del Instituto Mexicano de la Radio. El periodista le respondió tajantemente: "Señor presidente, no finjamos las cosas. Sería muy ingenuo de mi parte aceptar su planteamiento, prefiero darlo por no oído, el gobierno me quita y el gobierno decide dónde ponerme. Resulta absurdo". "No fue mi gobierno", se defendió el presidente. "Le agradezco su llamada, pero ni siquiera considero su invitación". Nunca más se vieron, ni siquiera ahora, que podrían volver a hablarse de tú.

Con Ernesto Zedillo, presidente de 1994 a 2000, no tuvo relación. Granados Chapa había criticado acremente los libros de texto que, como secretario de Educación, había él encargado al grupo *Nexos*, encabezado por Héctor Aguilar Camín. En su Plaza Pública denunció que los libros eran un desastre y, además, acusó que eran un favor político muy grande. Eso desató la fricción entre ellos.

"Nos caíamos mal de inicio y no me invitaba a hablar con él", señala. Sin embargo, llegó el momento en que Zedillo quiso usar al periodista y lo invitó a desayunar. Consigna Granados Chapa el hecho: "Salí de *La Jornada* peleado con Carlos Payán y el presidente Zedillo pensó que si me hablaba mal de él, yo haría público lo que él me contara. Durante el desayuno me habló de lo que él consideraba una traición de Payán a su gobierno y supuso que, como era un enemigo común, yo lo escribiría en mi Plaza Pública. Lejos estaba de imaginar que yo no iba a ser su vocero".

Zedillo confidencialmente se había reunido con Carlos Payán, senador por el Partido de la Revolución Democrática, para solicitarle que intentara una intermediación con los zapatistas, una exploración para ver si era posible reanudar el diálogo. Las conversaciones de paz con el Ejército Zapatista de Liberación Nacional, que en 1994 se había rebelado por la vía armada en Chiapas, estaban estancadas y Zedillo buscaba canales de interlocución para resolver el conflicto. Según lo que el presidente le contó a Miguel Ángel Granados Chapa, Payán aceptó fungir como intermediario. Sin embargo, poco tiempo después de aquel encuentro, Payán hizo declaraciones a la prensa en las que criticó la pasividad de Zedillo con respecto al tema de Chiapas.

El presidente lamentó que Payán le fallara, sintió que le jugó chueco y que, en lugar de contribuir a pacificar y resolver el conflicto, lo usó y exhibió públicamente. Relata Granados Chapa: "El presidente estaba muy dolido y quería exponer la manera de proceder de Payán. Como se suponía que yo también estaba sentido con él, me contó detalles de sus encuentros y conversaciones para que yo los hiciera públicos".

Le pidió Zedillo a Granados Chapa: "Cuente usted que Payán estorbó la paz en Chiapas. Haga pública esta información que le doy". Granados Chapa se negó a ser usado. Registró los hechos, ni una línea publicó de lo sucedido.

Lo que sí hizo en su Plaza Pública después de ese encuentro fue cuestionar a Zedillo. Era agosto, estaba escribiendo el Informe de Gobierno a mano. Le había preguntado durante su encuentro en Los Pinos: "Señor presidente, ¿no le parece una pérdida de tiempo que sea usted quien lo escriba?". Respondió: "No me gusta cómo hacen las cosas los redactores". Consignó el hecho en su Plaza Pública, señaló que el presidente no confiaba en su equipo y que pasaba horas escribiendo su Informe de Gobierno, en lugar de destinar su tiempo a asuntos de mayor relevancia.

Algo parecido a ese uso que los políticos hacen de los periodistas le sucedió con Carlos Hank, muchos años antes, en 1982. No eran amigos, pero tenían una relación frecuente. Hank, cercano colaborador y amigo de López Portillo, era jefe del Departamento del Distrito Federal y buscó a Granados Chapa para hacerle una confidencia con la obvia intención de que la hiciera pública.

Eran los tiempos en que se barajaba su nombre para ser presidente de la República, pero había un impedimento: Hank no era hijo de mexicanos. Le dijo al periodista: "Lo grave de todo esto es que el impedimento no existe. El señor Hank no era mi padre, mi madre tuvo una relación con el señor fulano de tal, un mexicano cualquiera, y no tengo ese impedimento. Soy hijo de mexicanos".

Granados Chapa se quedó con una confidencia amistosa. No publicó lo que hubiera sido un notición en aquel contexto electoral en el que se esperaba que José López Portillo destapara el nombre de quién iba a ser el candidato del PRI e indiscutible presidente para el siguiente sexenio. Dice Granados Chapa: "Carlos Hank me quiso usar para que publicara a ocho columnas: 'Hank no tiene impedimento: puede ser presidente'. Estaba yo en *La Jornada* y ello hubiera parecido como que el diario abanderaba su campaña. No quise hacerle juego".

Con Vicente Fox, presidente de 2000 a 2006, sólo fue cercano antes de que fuera titular del Ejecutivo y derrotara de manera democrática al PRI, después de más de siete décadas de permanencia ininterrumpida en el poder.

"Lo vi mucho cuando fue candidato por el PAN al gobierno de Guanajuato y fue defraudado. Luego nos vimos en 1994 y me confió que pretendía hacerse miembro del Partido de la Revolución Democrática. No se sentía bien en Acción Nacional y barajó la opción de la izquierda. Me parecía voluble e inconsistente; en un momento pensaba una cosa y al poco rato la desechaba", revela.

Cuando Fox fue candidato presidencial, Miguel Ángel lo buscó para entrevistarlo porque estaba escribiendo un libro sobre él: *Fox & Co. Biografía no autorizada*[7], que publicaría en 2000, entre la elección y su toma de posesión. Fox eludió la entrevista. Cuenta que Marta Sahagún, quien todavía no figuraba como esposa del presidente, quiso ser entrevistada, pero a Granados Chapa no le interesó. "A Fox no le gustó el libro porque expuse y documenté las trampas de su familia para hacerse del rancho de San Cristóbal, en Guanajuato. Nunca más llamó. De vez en vez, durante su gestión, me llamaban de las secretarías de Estado para que fuera miembro de consejos, pero no tuve interés", dice.

---

[7] Véase el apéndice: "Las historias detrás de los libros de Granados Chapa", página 181.

Con Felipe Calderón, quien gobernará México hasta el 2012, la relación se rompió desde tiempo antes de que llegara a la presidencia. De haber una cercanía con él y con Margarita, su esposa, desde que eran jóvenes en el sector juvenil del PAN, se pasó a una gélida distancia la raíz de que Calderón –como presidente del PAN– obstaculizó la alianza entre el PAN y el PRD, un nexo que supuestamente favorecía, para impulsar la candidatura de Miguel Ángel Granados Chapa al gobierno de Hidalgo en 1998. Ese asunto, un tema postergado, fue una rémora entre ellos, que no se pudo superar.[8]

---

[8] Véase el capítulo: "Incursión política: Felipe Calderón 'le jugó chueco'", página 127.

Jovencito de 21 años, Granados Chapa al centro tomando notas en una de las únicas imágenes de sus inicios como periodista, trabajaba entonces en el semanario *Crucero* de Manuel Buendía. Ahí se estrenó con un combativo reportaje de siete entregas denunciando a los grupos fundamentalistas cristianos y, aunque no llevaba rúbrica, lo hizo acreedor a una tranquiza. En esta foto de 1964, en Santiago de Chile, posa junto con otros periodistas en la casa de Eduardo Frei, donde los recibió tras saber que fue electo presidente de Chile.
(Archivo personal MAGC)

Cuando Miguel Ángel llegó en 1965 a Informac, de Fernando Solana, era ya un hombre formal de gruesos lentes de pasta negra. Con la Carta de Información Política que ahí redactaba sembró las bases de su Plaza Pública, que se nutrió de su formación dual: Periodismo y Derecho, carreras que cursó simultáneamente en la UNAM.
(Archivo personal MAGC)

1

En diciembre de 1966, Miguel Ángel entró a *Excélsior* como corrector de estilo, pensando que ahí se jubilaría. El 12 de septiembre de 1968, el mismo día que nace su primogénito Luis Fernando, se inició como articulista. Firmaba con sus dos apellidos, como hoy se le conoce, por amor a su madre, pero también para diferenciarse de un político Miguel Ángel Granados que trabajaba en el PARM. En esta imagen de 1970, pende de la pared la foto de Alberto Ramírez Aguilar, gerente del periódico, entonces recientemente fallecido.
(Archivo personal MAGC)

Muy pronto Miguel Ángel era ya ayudante de Miguel López Azuara, subdirector editorial, y se convirtieron en "los Migueles", como aparecen en las páginas de *Los periodistas* de Vicente Leñero. En esta imagen de 1979 en la Habana, tres años después del golpe a *Excélsior*, de izquierda a derecha: Granados Chapa, Heriberto Galindo, el poeta Nicolás Guillén y Miguel López Azuara.
(Archivo personal MAGC)

Granados Chapa y Julio Scherer salieron juntos de *Excélsior*. Quedó para la historia esta fotografía emblemática en la que Granados Chapa, de 35 años, levanta el puño en el umbral de Reforma #18, sede de *Excélsior*, gritándole a los reporteros de Televisa: "¡Fascistas!", en alusión a la campaña de desprestigio que mantenía la empresa contra *Excélsior* y en particular contra Julio Scherer.
(Fotografía: Aarón Sánchez)

Devastado y confundido, Julio Scherer encabezó a los cooperativistas a la salida de *Excélsior*. Abel Quezada lo abrazaba. Granados Chapa, a la izquierda de la imagen, asegura que Scherer "se cegó": estaba muy consciente de la importancia que iba cobrando el periódico y dejó de tener contacto con la cooperativa, que antes controló. "La cooperativa le quedó chica y se desentendió. Se olvidó de que su autoridad nacía de ella y le entregó esa confianza a Regino Díaz Redondo, creyendo ingenuamente en él". Aprovechándose de esa coyuntura, Echeverría halló a su alfil para asestarle el golpe mortal a *Excélsior*.
(Fotografía: Aarón Sánchez)

Granados Chapa fue capitán de la batalla en la fundación de *Proceso*. El 8 de julio de 1976 los echaron de *Excélsior* y once días después ya estaban organizando un mitin. "Julio estaba en malas condiciones anímicas para encabezar el esfuerzo. Estaba devastado, víctima de la traición de su amigo. Alguien debía hacer algo para no quedarnos callados y me correspondió a mí hacerlo. Por eso me quedé", señala. *(Foto: Pedro Valtierra/cuartoscuro.com)*

Sólo ocho meses duró Granados Chapa en *Proceso* porque su relación con Scherer se desgastó. Antes de llegar a *unomásuno*, alternó varios frentes: maestro, periodista radiofónico y comenzó su Plaza Pública en *Cine Mundial*, columna que migrando en distintos medios lleva 32 años de publicación ininterrumpidos. Esta imagen captura su escritorio en *unomásuno*, no muy distinto del actual. *(Foto: Pedro Valtierra/cuartoscuro.com)*

Granados Chapa ha sido un crítico del fascismo y de la derecha religiosa; un escrutador del comportamiento presidencial y del funcionamiento del poder político; y un defensor de los derechos humanos, especialmente de indios, ancianos, niños, mujeres y periodistas. En esta imagen, en diciembre de 1982, protestó frente al monumento de Francisco Zarco contra la reforma del Código Civil que introdujo el daño moral y que tanto mal ha generado al quehacer periodístico.
(Foto: Pedro Valtierra/cuartoscuro.com)

El 10 de marzo de 1982, Fidel Castro le organizó una cena de despedida a Gonzalo Martínez Corbalá, embajador de México en Cuba. El embajador mexicano invitó a ingenieros y periodistas amigos que viajaron en el jet de Gilberto Borja Navarrete, presidente de ICA. En la reunión que duró de las ocho de la noche a la una de la mañana, Fidel habló horas agradeciendo a Francisco Martínez de la Vega y a Manuel Buendía su defensa de la Revolución. En la imagen: Granados Chapa, don Paco, a quien Miguel Ángel considera como un padre, Fidel Castro, Gilberto Borja Navarrete (atrás de perfil), Buendía, Lázaro Cárdenas Batel que vivía en Cuba y el embajador Martínez Corbalá. Al frente el Ing. Carlos Legaspi.
(Archivo personal MAGC)

5

En 1981 se organizó un sindicato de trabajadores de *unomásuno* que a Manuel Becerra Acosta no le gustó. Ello generó graves contradicciones que suscitaron la salida en bloque, dos años después, de un buen número de colaboradores con Granados Chapa, que no era accionista, al frente. Los cuatro subdirectores se fueron juntos para fundar *La Jornada*.
(Foto: Pedro Valtierra/cuartoscuro.com)

El 29 de febrero de 1984 en el Poliforum Siqueiros de la Ciudad de México se convocó a los mexicanos para recaudar fondos para la creación de *La Jornada*, "un periódico entre iguales", diseñado por Vicente Rojo. Los líderes de aquel inicio fueron: Carlos Payán, Granados Chapa, Humberto Musacchio, Héctor Aguilar Camín y Carmen Lira Saade. En esta imagen de aquella reunión: Payán, Granados Chapa y Luis Suárez, jefe de redacción de *Siempre!* y presidente de la Federación Latinoamericana de Periodistas.
(Foto: Pedro Valtierra/cuartoscuro.com)

En aquella reunión en el Poliforum, en la que fueron oradores Payán, Granados Chapa y Pablo González Casanova, ofrecieron acciones inexistentes a diez pesos, vendieron confianza y juntaron un millón de pesos. Tras el evento se fotografió gozoso el equipo fundador de *La Jornada*. Del lado izquierdo, cargando cajas de dinero está Octavio Rodríguez Araujo. Del lado derecho: Humberto Musacchio, y sentado al frente Granados Chapa. La mujer de vestido blanco de pie al centro es Socorro Valadés, la secretaria leal de Becerra Acosta, quien dejó a su jefe sabiendo que el grupo que se iba tenía razón.
(Foto: Pedro Valtierra/cuartoscuro.com)

El 19 de septiembre de 1984, cuando estaba a días de salir *La Jornada*, Gabriel García Márquez, Premio Nobel desde hacía dos años, visitó la redacción con el fin de apadrinar el diario. Granados Chapa, con quien mantenía una relación vaga, pero buena, era su fiel admirador desde comienzos de los sesenta cuando publicó *La hojarasca*.
(Foto: Pedro Valtierra/cuartoscuro.com)

Granados Chapa explica el contenido de *La Jornada* al personal. El primero a la izquierda es Víctor Roura, quien fuera editor de la sección cultural durante el primer año de vida del diario.
(Foto: Pedro Valtierra/cuartoscuro.com)

En 1985, en una reunión de asambleístas de *La Jornada*, de izquierda a derecha: Benjamín Wong, quien en su semanario *Punto* cobijó a muchas personalidades que salieron de *unomásuno*, antes del inicio de *La Jornada*; José Carreño Carlón, subdirector de *Punto*, de *El Universal*, de *La Jornada* y quien al aceptar el cargo de director de Comunicación Social con Salinas de Gortari se enemistó con Granados Chapa; Miguel Ángel; y José Luis Becerra, director de la Agencia Mexicana de Información quien sindicó las columnas de Manuel Buendía, Granados Chapa y José Luis Mejías, para distribuirlas a numerosos medios nacionales.
(Foto: Pedro Valtierra/cuartoscuro.com)

En 1977, Manuel Buendía, a quien Granados Chapa reconoce como amigo y figura tutelar, fundó junto con Iván Restrepo y Carlos Monsiváis el Ateneo de Angangueo, así llamado medio en broma porque Buendía nació en Zitácuaro, junto al pueblo minero de Angangueo, y aquel nombre cacofónico sonaba de alcurnia. Todos los miércoles de 1977 a 1985 comían juntos los miembros del grupo. La imagen es de una comida en 1981 a la que invitaron a Jorge Castañeda padre, entonces secretario de Relaciones Exteriores. Sentados: Castañeda y Elena Poniatowska. De pie: Granados Chapa, Sara Moirón a quien ocasionalmente invitaban, Agustín Gutiérrez Canet, jefe de prensa de Castañeda, Buendía, Margo Su, Carlos Monsiváis e Iván Restrepo. No asistieron Paco Martínez de la Vega y Alejandro Gómez Arias, también miembros del grupo.
(Archivo: Fundación Buendía)

Miguel Ángel Granados Chapa convirtió el esclarecimiento del asesinato de Manuel Buendía en una causa de vida. Fue él quien insinuó por vez primera que José Antonio Zorrilla estaba implicado, y fue la voz para denunciar el crimen y promover el juicio en el que Zorrilla fue procesado. En esta imagen del 21 de febrero de 1987, a mil días del asesinato, de izq. a dcr.: Mario García Sordo, dirigente del sindicato de *unomásuno*; los periodistas Jorge Meléndez y Mario Cedeño; Miguel Ángel Sánchez de Armas, director de la Fundación Manuel Buendía, y Granados Chapa.
(Foto: Pedro Valtierra/cuartoscuro.com)

En 1987, dos años después de la muerte de Paco Martínez de la Vega y tres de la de Manuel Buendía, el Ateneo de Angangueo se reunió de manera extraordinaria con el presidente electo Carlos Salinas de Gortari, en casa de Iván Restrepo y Margo Su, invitando a algunos intelectuales que no eran habituales en el grupo. De izquierda a derecha: Monsiváis, Granados Chapa, Salinas, Gabriel García Márquez y León García Soler, con el que comúnmente confunden a Granados Chapa. De pie: Benjamín Wong, Restrepo, Elena Poniatowska, Margo Su y Héctor Aguilar Camín.
(Foto: Pedro Valtierra/cuartoscuro.com)

Con su hijo Luis Fernando, Granados Chapa comparte el gusto por la historia. En 1989, *La Jornada* le pidió a Luis Fernando, ahora doctor en Historia por la Universidad de Georgetown y profesor en la Universidad de Chicago, un diario de los antecedentes de la Revolución Francesa para festejar el bicentenario. Luis Fernando no firmó su colaboración, que se publicó entre mayo y julio, para no ser "hijo de papi". A Andrés León, director de la editorial Océano, le gustó el material y lo publicó como libro con el título *Amanecer*, ya con su autoría. Padre e hijo luego viajaron a Francia a los festejos del bicentenario de la Revolución Francesa.
(Foto: Pedro Valtierra/cuartoscuro.com)

10

Aunque le rehúye a la relación con los poderosos, de entre los presidentes con quien más habló Granados Chapa fue con Carlos Salinas. Durante su sexenio, a finales de 1992, el delegado de Pronasol quiso bautizar una escuela en Pachuca con el nombre de su madre: Florinda Chapa, educadora por más de ochenta años. En la víspera de ese sábado, recibió una llamada de Salinas: "Oye, te quiero invitar un café, ¿te parece bien mañana como a las diez de la mañana?". Le pareció extraño, pero aceptó: era la perfecta coartada para no ir a Hidalgo. Como a las once del día, Salinas, con el helicóptero listo, dijo: "Tengo entendido que van a inaugurar la escuela de tu madre en Pachuca, quiero acompañarte". "Fue la trastada de un manipulador", acusa Granados Chapa.
(Foto: Pedro Valtierra/cuartoscuro.com)

Granados Chapa en 1993 comenzó a ser muy crítico del TLC, uno de los principales proyectos de Salinas. Ello fue el inicio del distanciamiento. En septiembre de 1993, Granados Chapa entrevistó en su micrófono de Radio Mil a Cuauhtémoc Cárdenas, quien había contendido contra Salinas por la presidencia y cuyo triunfo seguía siendo motivo de cuestionamientos. Ello tuvo consecuencias. Los directivos de la radiodifusora lo presionaron y renunció. Salinas intentó eximirse de la responsabilidad, llamó al periodista para lamentar la situación y ofrecerle trabajo en los medios del Estado. Granados Chapa no se tragó el anzuelo. Nunca más se volvieron a ver.
(Foto: Pedro Valtierra/cuartoscuro.com)

11

En 1990, Granados Chapa creó el semanario *Mira* con el fotógrafo Pedro Valtierra, con la intención de darle una nueva dimensión al periodismo gráfico. Granados Chapa fue director general durante cuatro años. En esta imagen dobla uno de los primeros ejemplares con quienes laboraban en el taller. Junto a Granados Chapa figura el reportero Marco Lara Klahr.
(Foto: Pedro Valtierra/cuartoscuro.com)

Durante el festejo por la creación de *Mira*, Carlos Payán (de espalda) saluda a Granados Chapa y a Pedro Valtierrra. Observa sonriente Tomás, el hijo de Granados Chapa. A Valtierra lo invitó MAGC a dirigir el semanario en plano de igualdad para darle la misma prioridad a la foto y al texto. Uno de los primeros incidentes que vivieron fue la demanda de Gabriel Zaid por un millón de pesos por haber hecho público su rostro. La demanda no prosperó, se arreglaron amistosamente, y la revista cobró notoriedad.
(Archivo Cuartoscuro.com)

Sergio Autrey y Francisco José Paoli fueron los inversionistas principales de *Mira*. El capital no era suficiente, sirvió sólo para arrancar. Por ello, festejaron el primer aniversario con un evento al que asistieron grandes personalidades como los que aparecen en esta imagen: Carlos Slim y José Antonio Pérez Simón, director de Telmex. "Los quería como anunciantes y había que hacer relaciones. Me llevé un chasco, no se anunciaron", dice Granados Chapa.
(Foto: Pedro Valtierra/cuartoscuro.com)

Para dirigir la revista, Granados Chapa renunció a la dirección de *La Jornada*, pero siguió escribiendo su columna durante dos años más manteniendo una buena relación con Carlos Payán, quien en esta imagen lo felicita en el primer aniversario de *Mira*. Observa José Sarukhán con quien la relación también fue cercana y respetuosa. A Sarukhán, que fue rector de la UNAM, le debe su espacio en Radio UNAM.
(Foto: Pedro Valtierra/cuartoscuro.com)

Al festejo del primer aniversario de *Mira* también acudió la familia. El segundo de izquierda a derecha es Horacio Augusto, hermano mayor de Miguel Ángel, quien sacrificó sus estudios y trabajó en una zapatería para facilitar la educación del periodista. "Es el hombre más bueno que he conocido", dice MAGC de quien recientemente murió, víctima de cáncer. En la imagen también está Obsidiana Herrera, esposa de Horacio Augusto, y Gilberto Chapa Zamora, primo de Granados Chapa.
(Foto: Pedro Valtierra/cuartoscuro.com)

A MAGC se le reconoce como maestro de periodistas. Impartió clases en la Facultad de Ciencias Políticas y Sociales de la UNAM durante dos décadas, de 1965 a 1985, y en Acatlán, de 1975 a 1980. Cuentan que Granados Chapa les decía a sus alumnos: "Se dice que el abogado encarcela sus errores, el médico los entierra y el periodista los publica, así es que sean muy cuidadosos con sus textos". Eran cátedras de ética, rigor, responsabilidad, justicia y humanismo a más de doscientos alumnos que llegó a tener en un aula. Ya luego, por la carga de trabajo, comenzó a ausentarse y sucedió que en los pasillos de la facultad había caricaturas suyas con la leyenda: "Se Busca".
(Foto: Pedro Valtierra/cuartoscuro.com)

MAGC, director a secas de *La Jornada*, aspiraba a ser el director general. Carlos Payán quiso reelegirse una tercera vez, tras ocho años, contraviniendo los estatutos. Granados Chapa se opuso. Hubo una votación para reformar o no la escritura constitutiva y perdió. Fue su último acto en *La Jornada*. En noviembre de 1992, se despidió: "No sin melancolía anuncio que hoy es el último día en que aparece esta columna en *La Jornada*. He concluido mi ciclo". Continuó su trabajo periodístico en *Mira*, Radio Red y *El Norte*. La Plaza Pública pasó a *El Financiero*.
(Foto: Pedro Valtierra/
cuartoscuro.com)

"Hay quien dice que soy un resentido porque nunca fui el director que quise ser. Sí fui el director que quise ser. Fui el director de *La Jornada*, no fui el director general, pero en el momento en que me fui, era director en los hechos: yo hacía el periódico. No me quedó ninguna aspiración insatisfecha. No tengo resentimientos de ninguna especie, no caigo en la categoría de los resentidos sociales, al contrario, he tenido más gratificaciones que motivos de pesar", señala.
(Foto: Nelly Salas/
cuartoscuro.com)

Mira nunca levantó el vuelo. Granados Chapa no quiso incurrir en la práctica que detestaba: confundir trabajo gerencial con el editorial, ser responsable de la escritura y de los anuncios, y tener que plegarse a intereses que podían afectar su juicio crítico. "Si yo hubiera telefoneado a gobernadores de los estados pidiéndoles que contrataran publicidad en *Mira*, hubiera tenido más recursos, pero no era ético". Casi ocho años después, en 1997, la revista cerró por problemas económicos. "No fui buen empresario", acepta.
(Foto: Marco Antonio Cruz)

Granados Chapa no asistió a la agonía de *Mira*, la Cámara de Diputados lo eligió en 1994 consejero ciudadano del IFE, cargo que desempeñó por dos años y medio, y que solamente aceptó cuando los representantes de los partidos políticos le dieron garantías de que no había incompatibilidad legal entre esa responsabilidad y seguir escribiendo su columna periodística. Por ello, dejó la dirección de la revista en manos de Humberto Musacchio.
(Foto: Pedro Valtierra/cuartoscuro.com)

Ramón Alberto Garza invitó a Granados Chapa a escribir su Plaza Pública en *El Norte* desde 1989, y ya luego, en 1993, en *Reforma* desde su fundación. Pasó así su columna a *Reforma*, el sitio donde por más tiempo se ha publicado desde su creación. "El respeto que he tenido desde antes de comenzar hasta el día de hoy me impide tener ningún sentimiento de incomodidad, al contrario, ha habido un gran estímulo al trabajo", señala.
(Foto: Pedro Valtierra/cuartoscuro.com)

Reforma no aceptó las condiciones del sindicato de voceadores y para romper con atavismos y manipulaciones, los directivos, editorialistas y reporteros salieron a las calles los primeros días de noviembre de 1994 a vender el diario. Fue un desafío sin precedente. En esta imagen tomada afuera de la Cámara de Diputados, venden *Reforma*: Alejandro Junco, director del diario, Guadalupe Loaeza y Miguel Ángel Granados Chapa.
(Foto: Pedro Valtierra/cuartoscuro.com)

Para MAGC *Reforma* es un periódico sin ataduras: "Llega al extremo de no tener otros intereses comerciales adicionales a los periodísticos, son puramente empresarios periodistas, y eso permite su independencia que irrita a muchos –señala–. Un día informa el exceso de gastos de la presidencia de la República, al siguiente, algo que irrita a los partidarios de López Obrador, e igualmente denuncia al PRI".
(Foto: Nelly Salas/cuartoscuro.com)

La Plaza Pública, que se ha publicado ininterrumpidamente desde 1977, ha pasado por varios foros en el Distrito Federal: *Cine Mundial*, *unomásuno*, la revista *Punto*, *La Jornada*, *El Financiero* y finalmente *Reforma*. Luis Javier Solana que fue el inventor de la columna y director de *Cine Mundial*, festejó los treinta años de su aparición en 2007, con un evento en la Casa del Lago.
(Foto: Moisés Pablo Naval/cuartoscuro.com)

La labor periodística de Granados Chapa no se ha limitado a los medios impresos. En la radio se inició en 1977 con "Onda política", un comentario semanal en un programa del Instituto Mexicano de la Juventud. Siguió un comentario diario en ABC Radio en "Opinión pública" de Paco Huerta. Fue comentarista de Radio Red, en "Monitor" con José Gutiérrez Vivó. En 1993, tuvo un programa largo matutino en Radio Mil, del que fue despedido por una confrontación con el gobierno salinista, y de 1994 a la fecha tiene su "Plaza Pública" en Radio UNAM. "La radio es más libre, se siente la cercanía con el auditorio", dice.
(Foto: Marco Antonio Cruz)

De 2004 a 2006 tuvo un programa semanal en Radio Educación: "Punto de encuentro" con Virgilio Caballero, Javier Solórzano y Ricardo Rocha, con quienes aparece en esta imagen. También está Lydia Camacho, directora entonces de Radio Educación, que fue quien los invitó a hacer el programa. Desde 2008 el programa se transmite en Radio Fórmula y Javier Solórzano fue sustituido primero por Lorenzo Meyer y, luego, por José Antonio Crespo.
(Foto: Pedro Valtierra/cuartoscuro.com)

Con José Woldenberg, el primero de izquierda a derecha, fue consejero ciudadano en el Instituto Federal Electoral. "Woldenberg es el mejor conocedor del sistema electoral mexicano. Como consejero ciudadano y luego como presidente del IFE desplegó conocimiento, tuvo capacidad de organización y liderazgo. Dio prestancia, prestigio y confianza al Instituto, que no tuvo ni antes ni después de él", señala Granados Chapa. En esta imagen aparecen también: Denise Dresser y Emilio Álvarez Icaza.
(Foto: Guillermo Perea/cuartoscuro.com)

En 1999 Granados Chapa —un hombre de izquierda— fue candidato por el PRD a la gubernatura de Hidalgo. Lo considera uno de los mayores errores de su vida. "Era algo ajeno a mi trabajo", dice. Había planteado una alianza entre el PAN y el PRD y se había dicho a sí mismo que sólo sería candidato de su estado con esa coalición. El PAN, a través de Felipe Calderón, rompió la posibilidad y, sin embargo, MAGC no se retiró. "Fui tan mal candidato que tuvieron más votos los diputados que yo. José Carreño Carlón, que fue mi amigo cercano y ahora ya no lo somos, con mordacidad dijo que yo tenía más lectores que electores, y tuvo razón". En esta imagen lo acompañan: Porfirio Muñoz Ledo, Andrés Manuel López Obrador y Cuauhtémoc Cárdenas, cuando aún podían estar los tres juntos, luchando por una misma causa.
(Foto: Victoria Valtierra/cuartoscuro.com)

Con Julio Scherer, Granados Chapa siempre se habló de usted, sólo recientemente comenzaron a tutearse. Granados Chapa lo admiró como escritor y periodista, le fue leal en *Excélsior*, lo impulsó a fundar *Proceso* y luego se cansó de su manera política de proceder. Hubo una ruptura que, recientemente, se subsanó. "La cabra tira al monte, teníamos ganas de vernos", dice. Se sinceraron, hablaron de culpas y despechos. "Usted tenía razón siempre", le dijo Scherer. Ahora lo repite públicamente: "No saben cuánto quiero a este hombre, cuánto le debo". En esta imagen aparece también Lorenzo Meyer.
(Archivo personal MAGC)

Con las mujeres periodistas, Granados Chapa mantiene una relación de estímulo, cercanía y afectuoso impulso. "Son la esperanza confirmada de que las nuevas generaciones mantienen dignidad profesional, independencia y liderazgo. Me gusta apoyarlas en sus luchas", dice y ellas así lo reconocen. En esta imagen posa con Denise Maerker y con Lydia Cacho.
(Foto: Moisés Pablo Nava/cuartoscuro.com)

Siendo adolescente, Rosario Inés, su única hija mujer, hoy pasante del doctorado en Historia del Arte en la Universidad de Harvard y así llamada por Rosario Castellanos y sor Juana Inés de la Cruz, le dijo a su padre: "Con tus manos haces las dos cosas que mejor sabes hacer: abrazar y escribir".
(Archivo personal MAGC)

Durante la presentación del libro *Parte de guerra* de Julio Scherer y Carlos Monsiváis, MAGC saluda a Monsiváis en presencia de Ricardo Rocha. Con Monsiváis la relación es larga. Recibía Granados Chapa sus artículos en *Excélsior*. "Con frecuencia nos peleábamos para que los soltara porque quería seguir corrigiendo. Era capaz de arrebatarme el original físicamente porque nunca estaba satisfecho con sus textos. La amplitud de sus intereses era admirable, le atraía todo y de todo sabía mucho. Era un generalista especialista", señala. Eran amigos a la distancia y es probable que Monsiváis tuvo la iniciativa de nominarlo para obtener el Premio Nuevo Periodismo CEMEX+FNPI en la modalidad homenaje, en 2009.
(Foto: Juan Pablo Zamora/cuartoscuro.com)

Ese mismo día de 1999, tras la presentación de *Parte de guerra*: Granados Chapa, Monsiváis, Ricardo Rocha, Ignacio Solares y Carmen Aristegui.
(Foto: Juan Pablo Zamora/cuartoscuro.com)

Con Sergio Aguayo trabajó en *La Jornada* y ahora en *Reforma*. Salvo su participación en México Posible, partido político que fundó con Patricia Mercado en 2003, Granados Chapa ha apoyado todas sus iniciativas en derechos humanos.
(Foto: Moisés Pablo Nava/cuartoscuro.com)

Dos veces ha sido galardonado con el Premio Nacional de Periodismo. En 2004 por trayectoria periodística y en 2006 por columna periodística.
(Foto: Germán Romero/cuartoscuro.com)

Con Jacobo Zabludovsky y Carlos Monsiváis. MAGC fue acérrimo enemigo de Zabludovsky por cuestiones ideológicas, cuando éste trabajaba en Televisa. "Era el vocero de la empresa y continuamente nos golpeaba con sus comentarios. Hoy, que ha rectificado su postura, se ha corregido la relación y podemos sentarnos juntos", dice.
(Foto: Moisés Pablo Nava/cuartoscuro.com)

En 2008, MAGC fue parte de la comisión de mediación entre el Gobierno Federal y el Ejército Popular Revolucionario. El EPR, tras hacer estallar bombas en instalaciones de Pemex en Guanajuato, Querétaro y Veracruz, entre julio y septiembre de 2007, propuso a siete personas para intentar encontrar a dos de sus militantes desaparecidos. La condición fue que dejaran de actuar militarmente. Tras un año de buscar el diálogo con la Secretaría de Gobernación no llegaron a nada y la comisión se diluyó en abril de 2009. En la imagen: Granados Chapa, el antropólogo Gilberto López y Rivas y Samuel Ruiz, con quien MAGC tiene una relación afectuosa y de respeto antigua.
(Foto: Rodolfo Angulo/cuartoscuro.com)

Durante aquellas reuniones de mediación en el salón de Servicios y Asesoría para la Paz, Serapaz, que dirige Samuel Ruiz, de izquierda a derecha: MAGC, el abogado Juan de Dios Hernández Monge, defensor de presos políticos; el abogado Enrique González Ruiz, ex rector de la Universidad de Guerrero; Carlos Montemayor, académico; la senadora Rosario Ibarra; Gilberto López y Rivas, ex director de la ENAH. Penden de la pared las imágenes de Oscar Romero, obispo asesinado de Salvador, y Sergio Méndez Arceo, quien fuera obispo de Cuernavaca.
(Foto: Rodolfo Angulo/cuartoscuro.com)

A partir de 2008, comenzaron a amontonarse premios y reconocimientos a su trayectoria. Estoico luchaba contra un cáncer de colon, sin permitirse faltar a ninguno de sus compromisos periodísticos: el noticiero matutino en Radio UNAM; la Plaza Pública de *Reforma* que se multiplica en decenas de periódicos al interior de la República; La Calle, artículos de entretenimiento y cultura que publica en *Metro*; "Encuentro" en Radio Fórmula los domingos y su columna semanal Interés Público en *Proceso*.
(Foto: Pedro Valtierra/cuartoscuro.com)

Vivió una sensación dual ante los premios. "Cuando empezaron los reconocimientos, me dio la impresión, que después deseché, que quienes organizaban esas cosas, percibían que de pronto me iba yo a morir y querían aprovechar para hacerlo mientras estuviera vivo. Pero les tomé el pelo. No me he muerto y recibo estos reconocimientos y el renacer con mayor gusto…". En la imagen, al dar su discurso tras recibir la medalla Belisario Domínguez que otorga el Senado de la República.
(Foto: Sashenka Gutiérrez/cuartoscuro.com)

El presidente Felipe Calderón aplaudió la entrega de la medalla que el periodista recibió de Gustavo Madero, presidente de la Mesa Directiva del Senado. Con Calderón la relación se rompió desde tiempo atrás. De haber una cercanía con él y con Margarita su esposa desde que eran jóvenes en el sector juvenil del PAN, se pasó a una gélida distancia. Miguel Ángel fue candidato a gobernador por el estado de Hidalgo en 1998 y siente que Calderón, entonces presidente del PAN, "jugó chueco" obstaculizando la posible coalición entre PAN y PRD.
(Foto: Sashenka Gutiérrez/cuartoscuro.com)

Calderón reconoce el pendiente entre ellos, lo ha dicho. Meses antes de la entrega de la medalla Belisario Domínguez, su esposa Margarita hablando en nombre de su marido le dijo: "Felipe y yo, como tantos de nuestra generación, nos formamos con su trabajo. Nos duele su crítica". Le respondió: "Ahora, en el poder, se comportan exactamente igual que el PRI. Han dejado de ser críticos". Cuando Calderón y el periodista hacían guardia en el Senado ante Belisario Domínguez, cruzaron frases impertinentes. Le dijo el presidente: "Le quiero contar tal cosa sobre Roberto Campa". Granados contestó: "Sí, pero en otro momento". Calderón quedó de llamarle. Aún sigue sin hacerlo.
(Foto: Sashenka Gutiérrez/cuartoscuro.com)

Antes, por una deformación del presidencialismo, la medalla la imponía el presidente de la República. Sin embargo, recientemente se le devolvió al Senado. "No me hubiera gustado recibirla de manos del presidente", señala Granados Chapa. Añade: "Recibí con mayor satisfacción esa medalla porque en ese Senado estaba la respetable señora Rosario", señala en alusión a la senadora Ibarra, activista política y defensora de los derechos humanos de presos políticos.
(Foto: Sashenka Gutiérrez/cuartoscuro.com)

Entre los reconocimientos que se fueron amontonando en 2008 hubo de todo: ingreso a la Academia Mexicana de la Lengua, la presea Pedro María Anaya del Congreso del Estado de Hidalgo, la medalla Belisario Domínguez, el homenaje en la UNAM, y éste: la develación de un busto con su nombre e imagen colocado en el Jardín de los Periodistas, en la delegación Venustiano Carranza. "En aquel momento comenzaba mi crisis y me sirvió de aliciente porque en ese jardín están las estatuas de don Paco Martínez de la Vega, a quien tanto quise, y de José Pagés Llergo, a quien admiré".
(Foto: Rodolfo Angulo/cuartoscuro.com)

Con José Agustín Ortiz Pinchetti durante la develación del busto del periodista, un acto organizado en junio de 2008 por el delegado Julio César Moreno. Granados y Ortiz Pinchetti han sido amigos en los últimos 45 años y ambos fueron consejeros ciudadanos en el IFE. "Admiro su militancia activa a favor de Andrés Manuel López Obrador, a grado tal que abandonó su próspera carrera como abogado para dedicarse al lopezobradorismo", dice Granados.
(Foto: Pedro Valtierra/cuartoscuro.com)

Sus alumnos de 1970, Rosalba Cruz Soto, Yolanda Zamora Casillas y Juan Romeo Rojas Rojas organizaron en 2009 siete mesas redondas con más de 30 ponentes para hablar de todas sus facetas y honrar al maestro, al analista político y al comunicador. Con el sello de la UNAM publicaron un libro de memorias: *Miguel Ángel Granados Chapa: maestro y periodista*. En la imagen: Rosalba Cruz Soto y Fernando Castañeda, director de la Facultad de Ciencias Políticas y Sociales.
(Foto: Pedro Valtierra/cuartoscuro.com)

Con Rafael Rodríguez Castañeda y con Carmen Aristegui durante la presentación del libro resultante de las mesas redondas que sus alumnos organizaron en 2009 para honrarlo. Con Rodríguez Castañeda lo une toda una trayectoria: fue su compañero y alumno en la UNAM, y ambos realizaron activismo político estudiantil. Luego, Granados lo invitó a *Crucero*, Informac y *Excélsior*, a donde fue corresponsal en Washington. Es también padrino de Tomás, hijo de Miguel Ángel, y fueron compañeros fundadores de *Proceso*. De Carmen Aristegui, con quien nunca ha trabajado de cerca, su juicio es contundente: "es la mejor periodista radiofónica del país".
(Foto: Pedro Valtierra/cuartoscuro.com)

Parecía ya no faltar ningún reconocimiento y con su sarcasmo habitual bromeaba con Shulamit Goldsmit, su pareja hace 14 años: "Algo anda mal esta semana, no ha habido premios, alguna irregularidad debe de haber". Con Shulamit, historiadora, comparte una relación conyugal madura. "Es una relación tardía, pero libre, y como no tenemos que generar un proyecto de vida conjunto, gozamos de nuestra libertad. Nos encontramos dos personas hechas, inmodificables, y eso nos permite no tener la pretensión de hacer que la otra persona cambie. No hay dificultades de cómo educar hijos, no tenemos casi ningún motivo de desavenencia que tienen las parejas, por nuestra edad y nuestro proyecto de vida realizado. En eso estoy pleno", señala.
(Foto: Moisés Pablo Nava/cuartoscuro.com)

La Universidad Autónoma Metropolitana le otorgó un doctorado *Honoris Causa* por su labor periodística. "Es el primer doctorado que he recibido y me llena de satisfacción", señala. Aunque cursó un doctorado en Historia de 1990 a 1994 en la UIA, donde conoció a Shulamit, su tesis sobre Jesús Reyes Heroles a quien considera "el mejor político del sistema en los últimos 50 años", está aún entre sus pendientes. Para ello entrevistó a Echeverría, López Portillo y De la Madrid. Cuenta: "Le pregunté a Echeverría por qué no se querían él y Reyes Heroles. Respondió: 'Es que Jesús creía que yo era pendejo'. Y así era. Reyes Heroles desdeñaba a Echeverría, pero no pensé que tenía tan cabal consciencia de esa opinión".
(Foto: Isaac Esquivel/cuartoscuro.com)

La Asociación Mexicana de Derecho a la Información también reconoció su trabajo. "No he engañado a la gente, hay una tarea evidente y cuando hay grupos o personas que juzgan que esto es digno de ser reconocido, la fiesta me gusta. Una de las cosas que lamento de mi actual situación es que no puedo bailar, pero el festejo nadie me lo quita…".
(Foto: Pedro Valtierra/cuartoscuro.com)

Miguel Ángel siempre fue sano y, por lo mismo, desidioso de ir al médico. Hubo señales de la enferme-dad. No sólo en él, dos de sus hermanos, Horacio y Emelia, tenían cáncer de colon y ni eso lo mandó al médico. A mediados de 2008, comenzaron las radiaciones y la quimioterapia. "Lo tomé con cierta decep-ción, no me quería morir y asumí conductas infantiles. Por ejemplo: dejé de pagar impuestos. Si ya me iba a morir, ¿para qué pagar? Pensé: 'si no me muero, pagaré con gusto los recargos'. Así los estoy pa-gando". En noviembre de 2008 padeció la peor crisis, perdió 22 kilos, pesaba 48. Se maneja con la lógica del alcohólico anónimo: "día a día".
(Foto: Marco Antonio Cruz)

Parafraseando *La terca memoria* de Julio Scherer, sigue terco, vital y memorioso. "No tengo resenti-mientos de ninguna especie, la vida ha sido mucho más generosa conmigo que adversa y sólo tengo gratitud", reflexiona.
(Foto: Pedro Valtierra/cuartoscuro.com)

Miguel Ángel Granados Chapa ha abrazado al periodismo a lo largo de su vida. Él quisiera ser recordado como un hombre que, con su trabajo, ha intentado hacer el bien, difundirlo. Pero el gremio lo reconoce por mucho más que eso: baluarte de la libertad de expresión, protector de periodistas, defensor de los derechos humanos, persecutor de políticos corruptos, delator del fascismo y de la derecha religiosa y quien más conoce en México del funcionamiento del poder político, del comportamiento presidencial y de los manejos de la Corte. Continúa quemando sus naves, renaciendo. Sigue atento, sigue vivo y en la mira.

(Foto: Marco Antonio Cruz)

Por la izquierda

La postura política de Miguel Ángel Granados Chapa, misma que mantiene hasta el día de hoy, comenzó a definirse desde la adolescencia. Su tío Gilberto Chapa y su hermano mayor Horacio Augusto –que murió en septiembre de 2009 víctima de cáncer de colon y por quien Miguel Ángel siempre tuvo una estima especial porque, entre otras cosas, pagó su estancia en México para que él sí pudiera estudiar una carrera universitaria– trabajaban en una fábrica textil en Pachuca: Hilados y Tejidos de Algodón Don Alonso de Quijano, cuyo nombre comercial era Textiles Hidalgo S.A. Eran tejedores, fabricaban manta.

En 1957 ó 1958 surgió una breve huelga en aquella fábrica, ubicada en Avenida Cuauhtémoc, a media cuadra de La Villita, el templo católico al que los Granados Chapa iban con regularidad. Miguel Ángel asistió a la misa dominical como lo hacía cada semana. El párroco de la iglesia –quien con grandes ínfulas se firmaba: canónigo y licenciado Francisco de J. Árcega Bravo– centró su homilía en contra de la huelga y de los obreros, a quienes calificó de ingratos. Sentenció que estaban lejos de valorar a los empresarios que les daban trabajo.

"Me irritó su discurso, no sólo porque me afectaba personalmente, sino porque muy pronto entendí que el papel de un sacerdote no podía ser lastimar a los trabajadores que asistían a misa. Se me quedó en la conciencia que el padrecito no seguía el mandamiento cristiano de justicia y fijé postura: buscar la equidad para quienes menos tienen", puntualiza Miguel Ángel.

Había sido educado como católico, pero por haber ido a una escuela de gobierno, su formación cristiana se limitaba sólo a las nociones elementales y rutinarias que le transmitieron los catequistas cuando se preparó para su primera comunión, información colmada de mitos. A los 18 años, aún en Pachuca, por el consejo de la familia Alisedo, amigos españoles, comenzó a llenar los vacíos en su formación al integrarse a la Acción Católica, creada en 1929 bajo inspiración del Papa Pío XI y como respuesta a la guerra cristera.

Miguel Ángel participó en la Asociación Católica de la Juventud Mexicana, la rama juvenil. "Me interesaba sobre manera participar en la ACJM, me permitía entender el credo que había profesado y que en realidad no conocía. Era una asignatura pendiente y fui casi un converso. Pasé a ser un activo militante: del credo religioso al credo político", señala.

En la década de 1960, como estudiante de la Facultad de Ciencias Políticas y Sociales de la UNAM, en aquellos tiempos de grandes definiciones, conoció la historia de las ideas políticas y de la economía mundial que le permitieron definir, formalizar y afianzar su credo a la izquierda, sustentado en una franca vocación por la justicia social.

Su posición ideológica era entonces sólo una intuición, pero leyendo a pensadores cristianos con franca pasión religiosa, filosófica y cívica como Jacques Maritain, Pierre Teilhard de Chardin, Emmanuel Mounier y León Bloy, fue documentando su postura de izquierda.

Además, era asiduo a la Parroquia Universitaria, creada por un grupo de frailes dominicos a principios de la década de 1960 en el barrio universitario de Copilco. Esta parroquia, llamada Centro Universitario Cultural (CUC), era muy conocida en los ambientes laicos por su afamado Cine Club que exhibía películas de arte y promovía discusiones de alto nivel intelectual, mostrando un rostro renovado de la Iglesia ante la exigente población universitaria.

Miguel Ángel tuvo entonces un breve e intenso acercamiento religioso que lo condujo a la acción política. La facultad era un hervidero de ideas políticas y sociales. La Sociedad de

Alumnos, a diferencia de otras que se manejaban con planillas esporádicas, pretendía ser una república e impulsó la creación de partidos estables, como un ejercicio democrático que pudiera ser replicable en la política federal.

La mayoría de los estudiantes eran marxistas. El partido dominante era el Partido Estudiantil Socialista, el PES, liderado por Walter Ortiz y Humberto Herrero junto con sus novias María Luisa Acevedo y Margarita Susan, aún más poderosas que ellos.

Se creó también el Partido Revolucionario Estudiantil (PRE), que aglutinaba priístas y que, según Granados Chapa, eran sólo oportunistas y demagogos tras los puestos del gobierno.

En ese contexto, Miguel Ángel fundó, junto con su compañero Enrique Rubio, el Partido Auténtico Universitario (PAU) que, como decían, se ubicaba en la tercera vía: una postura social cristiana que apelaba a un socialismo con rostro humano y promovía un régimen de propiedad en el que el trabajo tuviera mayor relevancia que el capital.

"Mi posición era más social que religiosa. Sosteníamos que se podía ser demócrata cristiano, sin ser cristiano –puntualiza. Creíamos que el trabajo es el generador de la riqueza. Partíamos de la premisa que si se deja una olla de dinero en una isla desierta, al cabo de los años se mantiene intacta, sin mejora; pero que si, en cambio, ese dinero se trabaja, se reproduce el capital".

Para crear el PAU, requirió registrar cuando menos cincuenta miembros. "Nos costó mucho trabajo alcanzar el registro. Nuestra ideología era la democracia social cristiana: a la izquierda del Partido Acción Nacional y a la derecha del Partido Comunista".

Asegura que aunque recelaba del autoritarismo soviético y de su postura anticristiana, nunca fue anticomunista. "Mis compañeros del PES, como muchos marxistas que he conocido en el camino, eran gente buena: alegres, trabajadores y con gran convicción. He sido un típico compañero de viaje, un amigo que los ha acompañado con tibieza: sin criticarlos y sin comulgar con ellos".

Los respetaba como personas y lamentaba que continuamente se les persiguiera. Para ejemplificar, recuerda que cuando llegó Kennedy a México, en 1963, los encarcelaron injustamente durante un par de días y los apalearon sólo para evitar que no fueran a dar problemas durante la visita del jefe de Estado norteamericano.

El debate político de la facultad era intenso y fructífero. Los comunistas rompieron con las federaciones de estudiantes que en la década de 1950 coparon la universidad como si se tratara de negocios propios alimentados por el Estado, y estimularon la creación de aquella república que, a partir de 1962, promovía debates a profundidad sobre los asuntos estudiantiles y los del país, alejándose de los apoyos políticos del PRI.

Miguel Ángel fue durante un tiempo el único representante del PAU en el Consejo Estudiantil pero, paulatinamente, logró uno o dos escaños más. "El PAU fue el semillero de mis amistades para toda la vida, tres de ellos inclusive fueron los padrinos de bautizo de mis hijos", señala refiriéndose a Rafael Rodríguez, director hoy de *Proceso*, padrino de Tomás Gerardo; Enrique Rubio, de Luis Fernando; y Manuel Laborde, de Rosario Inés. Además, sus tres hijos fueron bautizados por fray Tomás Allaz, un dominico francés de la Parroquia Universitaria, un católico radical, revolucionario de izquierda que incitaba a los estudiantes a propiciar la distribución de los bienes.

Miguel Ángel admiraba a Allaz, fue su inspirador, pero discutía reciamente con él porque no siempre comulgaba con su pensamiento. Lo conoció en 1963 y desde un principio admiró su congruencia: vivía en vecindades, portaba huaraches y aunque el frío calara no usaba suéter o abrigo. Su convicción era vivir en la humildad. "Era de esos hombre raros que juntan la prédica con la vida. Jamás me distancié de él. Hasta su muerte, en 2001, siempre fuimos cercanos", señala Miguel Ángel.

Allaz, que hablaba con acento, pero escribía en un castellano perfecto, era rudo y radical. En su libro *La Iglesia contra la pared* hizo un recuento estremecedor de la pobreza en el mundo y se refirió con urgencia a la necesidad de cumplir con un deber social de mayor igualdad. Decía con tono recio, lindando en el extremismo ideológico, que se podía llegar a matar a quienes se opusieran a la distribución de los bienes.

Además del PAU, un grupo universitario, Miguel Ángel Granados Chapa fue fundador del Movimiento Social Cristiano en México, de carácter más político, creado en 1963 por los miembros del PAN que por su inclinación a la izquierda fueron expulsados por el dirigente Adolfo Christlieb. Personajes como Manuel Rodríguez Lapuente, Hugo Gutiérrez Vega, Ignacio y Carlos Arriola, Horacio Guajardo y Enrique Tiessen apelaban a que Acción Nacional pusiera en la mira a los más desposeídos.

Al ser despachados del partido por sus ideas opuestas al conservadurismo impulsaron la democracia social cristiana en México, convocando a jóvenes activos como Francisco José Paoli y Granados Chapa, que fue uno de los cinco miembros del Comité Nacional, de 1963 a 1965, cuando éste fue disuelto. Su pretensión no era llegar al poder, pero sí consolidarse como una opción crítica frente al autoritarismo de Adolfo López Mateos, que gobernaba con un Legislativo casi ficticio: 170 diputados eran del PRI y "la oposición" eran cinco diputados del PAN.

"No teníamos dinero e imprimíamos volantes en mimeógrafo contra el gobierno. Actuábamos sólo en casos excepcionales", dice. Apoyaron, por ejemplo, una huelga de autobuses que circulaban en Azcapotzalco. Miguel Ángel, que comenzaba su labor como periodista, fue redactor de volantes y orador en los mítines. "Desarrollé en paralelo mi trabajo profesional y mi conciencia política", señala.

En 1965, el Movimiento Social Cristiano se disolvió al constatar que el gobierno de Eduardo Frei, el primer gobierno social demócrata en América Latina, resultó excesivamente conservador.

A Miguel Ángel esto lo trastocó provocándole apatía religiosa y distanciamiento de la acción política. "Bauticé en la fe cristiana a mis hijos, pero no los incité a hacer la primera comunión. Sólo Rosario Inés la hizo, a los 18 años y por convicción propia", dice. Dejó de ir a misa a finales de la década de

1970 e, inclusive, no comulgó más. "Don Tomás fue mi confesor durante años, pero dejé de creer. Aunque no hubo nada específico, mi fe se desgastó. Me alejé primero de la Iglesia, cada vez más conservadora y recelosa de los movimientos populares, y luego, de la religión", señala.

Para entender su convicción es preciso adentrarse en el contexto más amplio de la Iglesia que, en aquellos años, enfrentaba luchas internas y serias contradicciones. El entusiasmo religioso de Granados Chapa fue absoluto en la época del Concilio Vaticano II –convocado por Juan XXIII en 1959 y cancelado por Paulo VI en 1965– y su distanciamiento se aceleró con la llegada al papado de Juan Pablo II, en 1978.

Juan XXIII había impulsado el Concilio Vaticano II con el objetivo de lograr una renovación moral de la vida cristiana de los fieles, y adaptar la disciplina eclesiástica a las necesidades y métodos de su tiempo. Aludió a los países subdesarrollados y se refirió específicamente a la "iglesia de los pobres", una expresión que fue interpretada por algunos sacerdotes en Latinoamérica como una alusión a la injusticia social y como un claro compromiso político y social para transformar el mundo. La evangelización se cargó de un alto contenido social y, en algunos casos, amalgamando la ideología marxista a los contenidos religiosos, justificó la lucha armada.

En 1968, en la Conferencia de Medellín, se reunió un grupo activo de obispos que inspirado en las reformas del Concilio denunció la opresión del sistema capitalista sobre los pobres, criticó la explotación que padecían los países del Tercer Mundo y exigió reformas políticas y sociales. Señalaron que la Iglesia latinoamericana tenía una misión distinta de la europea, y con el título de Teología de la Liberación dieron nombre a su compromiso social y a su práctica transformadora de ayuda a los pobres, que combinaba la enseñanza religiosa con la participación en movimientos sociales y políticos destinados a transformar la situación de injusticia social.

En franca oposición al grupo conservador de la Iglesia, insistían que su credo era acorde con las enseñanzas de Jesús, aunque ello implicara una afrenta con los poderosos. En México,

Sergio Méndez Arceo –apodado por sus detractores el "obispo rojo"– de quien Granados Chapa era cercano, no se mordía la lengua para arengar en discursos políticos de comprometida tendencia social contra el autoritarismo del Estado mexicano, oponerse a la intervención norteamericana en Vietnam, y manifestar su apoyo a Cuba y al sandinismo en Nicaragua.

En uno de sus sermones en el México de 1968, Méndez Arceo predicó enardecido: "Me hace hervir la sangre la mentira, la deformación de la verdad, la ocultación de los hechos, la autocensura cobarde, la miopía de casi todos los medios de comunicación. Me indigna el aferramiento a sus riquezas, el ansia de poder, la ceguera afectada, el olvido de la historia, los pretextos de la salvaguardia del orden, la pantalla del progreso y del auge económico, la ostentación de sus fiestas religiosas y profanas, el abuso de la religión que hacen los privilegiados".

El Papa Juan Pablo II, que asumió el cargo en 1978, tras el conservadurismo moderado de Paulo VI y la breve gestión de dos meses de Juan Pablo I, dio marcha atrás a todo intento de renovación de la Iglesia y comenzó una franca desacreditación y condena de los obispos que predicaban la Teología de la Liberación, hasta casi borrarlos de la historia eclesial. Señala Miguel Ángel: "Ahí vino la desilusión. Los sermones de los padrecitos eran rutinarios, falsos y torpes. Me parecía cada vez más indignante la falta de respeto de la Iglesia a los pobres y dejé de asistir a las misas. Dejé de creer…".

La relación con Méndez Arceo, no obstante, se acrecentó. "Junto a don Tomás Allaz, Méndez Arceo fue mi padre tutelar. Eran ellos amigos. Hablábamos de una Iglesia que fuera opción para los pobres. Cuando se exacerbaron los secuestros políticos de empresarios, él llegó a ser mediador. En algún momento en que temió que sus archivos fueran saqueados, decidió desmembrarlos. A mí me entregó en custodia el expediente de una mujer que fue secuestrada en Cuernavaca. Lo tengo guardado, no he hecho nada con él", relata.

Con los años, su fe se ha ido amortiguando. Conserva una creencia en la Divina Providencia, en la noción de un dios generoso que provee, que lo ayuda a guiarse por el camino con señales que debe saber entender. "Vivo en el lindero entre la fe y la superstición", señala.

Confiesa que en 2008, cuando por vez primera estuvo hospitalizado, al sentirse al borde de la muerte recordó una frase de Andrés Henestrosa: "Heme aquí rezándole a un dios en el que no creo…".

Tras su participación en el PAU y en el Movimiento Social Cristiano, Miguel Ángel no volvió a militar en ningún partido porque "no quiso volver a comprar en paquete una visión de mundo". Su postura ideológica se ha sustentado en tres principios con los que se ubica como "hombre de izquierda": justicia, democracia y libertad. Puntualiza: "La conciliación de esos tres valores fundamentales es para mí la definición de izquierda".

Acepta que ha detestado a los comunistas en el poder, no así en la oposición. Confiesa, sin embargo, que jamás los ha criticado. "Hay otros haciendo esa crítica, casi todos mercenarios a quienes no me quiero parecer y que no me necesitan para validar su trabajo", se justifica.

Su voz la usa para defender a los sindicatos, para validar a quienes no tienen voz ni representación. "No defiendo al sindicalismo como una postura sacralizada. No soy partidario, por ejemplo, del SNTE,[9] pero sí apelo a los derechos legales de los sindicatos y de los trabajadores que, a menudo, se atropellan", señala.

---

[9] Sindicato Nacional de los Trabajadores de la Educación.

La admiración a AMLO

Con respecto a su postura política, jamás ha comprometido su voto a un partido. Apuesta al candidato y por vocación, valores e historia personal, su afinidad es clara: por la izquierda.

La primera vez que votó fue en 1964 y lo hizo por Horacio Guajardo, candidato no registrado, miembro del Movimiento Social Cristiano, el editor de *Señal* que había presentado a Granados Chapa con Manuel Buendía cuando se inició como reportero de *Crucero*. Seis años más tarde dio su voto a Efraín González Morfín, quien pugnaba por la izquierda al interior de Acción Nacional. Granados Chapa y González Morfín habían sido condiscípulos en la Facultad de Derecho y aunque no fueron cercanos, el periodista admiró su temple y visión.

En 1976 votó por Heberto Castillo, nuevamente un candidato no registrado, líder social, científico y académico, creador del Partido Mexicano de los Trabajadores en 1974, y quien poco más de una década después, fundaría el Partido Mexicano Socialista. La izquierda, en aquel 1976, apoyó como candidato a Valentín Campa, líder ferrocarrilero, luchador social varias veces encarcelado y quien, a pesar de haber sido expulsado del Partido Comunista por su oposición a liquidar a León Trotsky, se mantuvo fiel a su ideología comunista luchando por la liberación de la clase trabajadora.

A Granados Chapa, sin embargo, le parecía que Castillo era una mejor opción política porque unificó a la izquierda con una ideología no marxista, una conceptualización a la mexicana basada en la lucha por la tierra y las reivindicaciones obreras, y porque era un defensor de la democracia y la justicia social sin desdeñar la libertad individual.

Seis años después, en 1982, dio su voto a Arnoldo Martínez Verdugo, candidato del Partido Socialista Unificado de México, uno de los protagonistas de las negociaciones políticas que desembocaron en la primera reforma electoral del régimen, misma que permitió que el Partido Comunista Mexicano –del cual Martínez Verdugo formaba parte– obtuviera registro y participara en las elecciones de 1979.

En 1988, 1994 y 2000 sufragó por Cuauhtémoc Cárdenas, tres veces candidato de la izquierda a la presidencia de la República y tres veces derrotado. "Admiré su ruptura con el régimen, su entrega para honrar la vida de su padre, el general Lázaro Cárdenas; inclusive respeté la manera en la que Cárdenas contuvo la violencia tras el fraude electoral de Salinas", señala.

A diferencia de las mayorías que critican a Cuauhtémoc Cárdenas por no haber confrontado la estafa del régimen cuando le fue arrebatado el triunfo tras la dolosa elección de 1988, Granados Chapa aplaude su temple y prudencia. Cuenta que en el Zócalo capitalino, en noviembre de aquel año, hubo un mitin multitudinario en el que uno de los oradores propuso tomar el Palacio Nacional, incitando a las masas caldeadas. Cárdenas, dice, no cayó en el infantilismo revolucionario, enfermedad política que piensa que con tomar una instalación se hace la revolución, y evitó una masacre asegurada. Aplaude que con cordura, sensatez y aplomo contuvo a las masas que, enardecidas, hubieran terminado asesinadas por el autoritarismo del gobierno.

No obstante la admiración de tantos años, Granados Chapa hoy se aproxima a Cárdenas con una perspectiva distante y crítica; se le ha resquebrajado la figura del héroe mítico con el surgimiento de un tercero en discordia: Andrés Manuel López Obrador.

Granados Chapa ha seguido muy de cerca la trayectoria de López Obrador desde los ochenta, cuando movilizaba indígenas chontales, y el respeto a su persona ha ido *in crescendo*. Siguió de cerca su labor como dirigente del PRI en Tabasco, impulsando una "democracia de carne y hueso", y especialmente le entusiasmó su liderazgo cuando, por principios, rompió con el gobernador Enrique González Pedrero que había sido su mentor. "Me simpatizó desde un primer momento por auténtico, por ser un hombre fiel a sus convicciones, porque no aceptó una carrera burocrática en un país donde la mayoría se acomoda para ir escalando puestos", dice.

Relata que como líder del PRI en Tabasco, Andrés Manuel creyó en una democratización a fondo y organizó a la gente para que no se dejara manipular por los caciques. Éstos eran los que sostenían al régimen y, muy enojados, fueron con González Pedrero para acusar a AMLO de atentar contra las instituciones. El gobernador no quiso enfrentamientos y sacrificó al joven líder. Intentó disfrazar la ruptura designándolo oficial mayor, pero Andrés Manuel no aceptó; prefirió viajar a la Ciudad de México para trabajar en el Instituto Nacional del Consumidor, presidido por Clara Jusidman. En aquel 1984 se iniciaba *La Jornada*, y las vidas de Granados Chapa y López Obrador se cruzaron.

El periodista tuvo oportunidad de conversar a fondo con López Obrador, conocerlo de cerca, cuestionar su fama de pendenciero y agitador tras haber tomado pozos de Pemex en sus aguerridas movilizaciones sociales. Lejos de criticarlo, Granados Chapa admiró su capacidad de liderazgo y su colmillo político.

"Su gran mérito –afirma– es lograr una enorme sintonía con la gente que convive. En la Chontalpa vivía en casas de piso de tierra, como los indígenas. Es un hombre sencillo, de grandes convicciones sociales que con sagacidad política enfoca sus energías para movilizar masas y favorecer a los más desposeídos".

Por eso el periodista acusa a Cuauhtémoc Cárdenas de haber cometido "el grave error" de no brindarle su respaldo en la elección de 2006. Señala: "No sólo no lo apoyó, sino que hizo política en su contra. La ruptura ideológica fue sólo un disfraz para ocultar la única razón: un choque de personalidades". Va aún más lejos: "No resistió la opción de que otro, y no él, lograra ganar la presidencia de la República desde la izquierda".

En su Plaza Pública, Granados Chapa ha confrontado al líder moral del Partido de la Revolución Democrática y patriarca de la izquierda, y aunque lo aprecia y respeta, del abrazo afectuoso ha pasado a una deferencia seca. Especialmente, desde que aceptara ser "empleado" del presidente Vicente Fox, asumiendo en junio de 2006 la coordinación de los festejos del bicentenario de la Independencia y centenario de la Revolución Mexicana. "Aquel consentimiento sólo fue una maniobra contra López Obrador a la que Cárdenas se prestó. Aceptó un cargo de quien había desaforado a Andrés Manuel. Tomó la responsabilidad en junio, un mes antes de las elecciones sólo para validar al régimen, dividir a la izquierda y renunciar cinco meses después", imputa.

Granados Chapa asegura que las posturas ideológicas de Cárdenas y AMLO son idénticas y no difieren en nada esencial. Sostiene que ambos apoyan la movilización popular, la defensa del petróleo, la lucha contra el fraude electoral. "Lo he estudiado: son idénticas las formas y los contenidos, los fines y los medios –dice–. La única diferencia entre ellos es un asunto de personalidad, una pugna por el poder desde la izquierda".

A ojos del periodista, AMLO no es un caudillo populista que incita a la polarización social, sino el protagonista de los grandes momentos del PRD. Uno: la campaña electoral de 1997 que por primera vez obtuvo una gran bancada parlamentaria para esta opción de izquierda. Y dos: la elección del 2006 que Granados Chapa asegura que AMLO ganó. "Hay pruebas de que le robaron el triunfo, fue tan pequeño el margen que con dos votos falseados en cada casilla se podía modificar el resultado", arguye.

Lo considera el mayor líder social de la historia reciente de México, un hombre que responde a un ánimo público de irritación e inconformidad. "Él no es el generador de esa energía de insatisfacción, simplemente es quien le da voz –defiende–. Lo más admirable es la sintonía que mantiene con el pueblo bajo, con la gente común; es capaz de organizar y movilizar masas en un santiamén porque despierta la confianza de los desconfiados, de quienes siempre han sido engañados".

Admira que AMLO no se acomodó a la derrota: "No ha parado un minuto desde 2006 y, con ello, ha ofrecido una salida institucional a la frustración de la gente escamada". A diferencia de quienes piensan que es un hombre que incita el encono y la polarización social, Granados Chapa mira en él a un pacifista. Llega al extremo de asegurar que a él se debe la paz social en este momento. Explica: "Temo que si él no hubiera actuado con la inteligencia que lo ha hecho, hubiera habido un brote social. Hoy hay un ánimo belicoso que él aprovecha y organiza. Es un pacifista sintonizado con el rencor social; no lo auspicia, lo encausa. Con Andrés Manuel no hemos padecido ni un vidrio roto, no ha propiciado ningún ímpetu de violencia".

A quien Granados Chapa acusa de ser el motor de la violencia y la confrontación social, es a Vicente Fox. "Con su autoritarismo sesgado, con su maquiavélica maniobra del desafuero, fue el único responsable de la polarización. Arrinconó a Andrés Manuel y lo obligó a encabezar un frente del que claramente se benefició Calderón", apunta.

Para intentar no ser apologético, Granados Chapa insiste que ha tenido importantes desacuerdos con AMLO. Arguye que lo criticó por el plantón en Reforma, tras la derrota electoral, y por autonombrarse "presidente legítimo".

"De manera personal y por escrito, le dije que no lo hiciera, pero él tiene sus modos. Es imaginativo y ocurrente, como actuó en Iztapalapa con el caso de Clara Brugada[10]. Se dice presidente, pero no se cree presidente: no actúa como presidente, no firma decretos, no gobierna ni impide que Calderón gobierne. Estaría loco si pretendiera gobernar. Cuando dice: 'al

---

[10] Se refiere a la invención de AMLO de "Juanito", en junio de 2009. Para salir de un aprieto con su candidata, AMLO pidió a Rafael Acosta Ángeles que fuera el representante del Partido del Trabajo a la jefatura delegacional de Iztapalapa, con la promesa de que si ganaba la elección, cedería el cargo a Clara Brugada. Tras grandes confrontaciones partidistas, Brugada había sido impugnada por una facción del PRD y, 23 días antes de la elección, el Tribunal Electoral votó anular su candidatura y se la otorgó a Silvia Oliva, cuando las boletas electorales estaban listas y no podían ser reimpresas. Fue entonces cuando AMLO tuvo la osadía de impulsar a "Juanito", quien finalmente ganó la elección.

diablo con las instituciones', lo hace sólo como crítica extrema al mal funcionamiento de las mismas, porque finalmente, cuando quiere proponer una ley, va a la Cámara de Diputados. Dos veces el año pasado fue a plantear un presupuesto de egresos y una ley de austeridad, de modo que en los hechos bien sabe acatar las instituciones".

Granados Chapa lo defiende a quemarropa. Asegura que AMLO no se marea con la autoridad ni con la capacidad de mando.

"A Andrés Manuel ya lo vimos en el poder, no es un político agazapado que se transforma por el puesto. No es un soldado, sino un liberal juarista. Tuvo enorme poder gobernando la Ciudad de México, la más grande del país, la más dinámica, la más polarizada, y su balance fue bueno: puso en el centro a los más desposeídos, algo que deberían hacer los políticos en México, pero, además, incitó la reactivación económica. Es un gobernante centrado, propiciador de la economía privada. Ya dio prueba de quién es", insiste.

Reconoce que como político en la oposición hace uso de toda suerte de artimañas para atraer la atención de seguidores. "Tras perder la elección, AMLO pudo haberse regresado a Tabasco para ser profesor, pero prefirió la pequeña oficina, quedarse en el PRD para hacer política desde abajo. Es un grillo zorruno. Ningún político ha recorrido el país tan palmo a palmo, tan de cerca –precisa. Viaja como cualquier persona, se sumerge sin barreras en las pequeñas o grandes multitudes que lo reciben. Su objetivo es seguir. Como Juárez, sabe hacer política de coyuntura, organizar grupos y esperar un mejor momento. Si la economía no repunta, el descontento social va a recrudecer. Pienso que a pesar de la ponzoña en su contra, es probable que sus preferencias crezcan en 2011 y, si esto sucede, sus antiguos aliados, empresarios y políticos, buscarán reconciliarse con él. Así opera la política, así es el poder".

El negocio de militar en la izquierda

Granados Chapa es un hombre de izquierda, pero hace algún tiempo perdió la fe en el Partido de la Revolución Democrática. "El Quijote engordó", señala, arguyendo que, desde 1999, la izquierda se envenenó con dinero público. "Hoy es un negocio militar en la izquierda. Genera ascenso social y acomodo económico, por eso yo no compro un paquete partidista, yo voto sólo en función de los candidatos", dice.

Para él, la izquierda heroica en México fue la del Partido Comunista con sus miles de perseguidos, sus cientos de muertos, gente que vivía al margen de la política, calumniada por el sistema. "El PRD –acusa– está podrido por una disputa que gira en torno al dinero. Muchos líderes estatales del PRD reciben dinero de gobernantes priístas y son cooptados. Se dejan querer y buscan ser queridos".

Aunque considera que AMLO y Cuauhtémoc Cárdenas están muy por encima de las pugnas internas, tratando de no contaminarse, asevera que las luchas del PRD, más que ideológicas, se centran en torno a las posiciones de poder y la acumulación de capital.

Granados Chapa reconoce que AMLO es en gran medida responsable del fracaso del partido, de su burocratización corrupta. Como dirigente del PRD, dice, se despreocupó de la labor administrativa creyendo que el triunfo se basaría sólo en organizar movilizaciones populares. "Abandonó la oficina y se fue a la calle dejando en manos de Jesús Ortega la estructura administrativa y las organizaciones estatales. A los 'Chuchos' les dio poder y les permitió crecer bajo su cobijo. Así surgió la Nueva Izquierda que hoy muchos criticamos", dice.

Arguye que el PRD tiene poco futuro y se encuentra en proceso de degradación. Ejemplifica: el partido ya perdió su registro en estados como Coahuila y Nuevo León. "La única posibilidad de que sobreviva es que el liderazgo lo asuman personajes como Amalia García o Javier González Garza. Son ellos la posición más sana, los únicos que podrían regenerar al PRD porque tienen ideas claras respecto del partido, apoyo en las bases, son políticos hábiles que saben persuadir, aceptar, negociar, líderes capaces de discernir lo accidental de lo esencial", dice.

Para él, lo no negociable incluye mantener la democracia interna del partido, es decir, que la gente decida quiénes serán sus candidatos y no los grupos de poder internos. Asimismo, que se mantenga la transparencia en el uso de los recursos para evitar la proliferación de líderes dispendiosos que despilfarran capital, presumiendo casas y vehículos.

Granados Chapa ha hecho pública su postura, escribe continuamente de ella y, al exhibirla, se ha ganado animadversión de un amplio sector del PRD. Cuando en 2008, al PRD le tocaba ser quien sugiriera el candidato para recibir la medalla Belisario Domínguez –un acuerdo tácito entre las tres fracciones mayoritarias de la Cámara de Senadores para ir alternando el premio entre personajes que mantienen visiones y posturas políticas heterogéneas–, la senadora perredista María Rojo propuso a Miguel Ángel Granados Chapa. La iniciativa encontró anuencia en el PRI y en el PAN, y una rabiosa oposición de la mayoría de los miembros del PRD. Parecía una paradoja que un hombre de izquierda fuera justamente rechazado por el partido de izquierda.

María Rojo no se dio por vencida, siguió buscando adeptos al interior de su partido, pero se le adelantó con sagacidad Jesús Ortega. Los "Chuchos" propusieron entregar la medalla *in memoriam* al periodista Jesús Blancornelas, fundador del semanario *Zeta*, especialista en temas de narcotráfico, quien con enorme valentía investigó y publicó las operaciones del cártel de los Arellano Félix y que en 1997 fue víctima de un atentado del que milagrosamente sobrevivió, cuando cuatro disparos de sicarios de narcotraficantes pretendieron arrancarle la vida.

María Rojo no se dejó. Aceptó entregárselo a Blancornelas, una figura intachable, pero reviró: sugirió un premio para los vivos y otro para los muertos, moción que fue aceptada en el Senado. El PRD propuso entonces para el premio de los vivos a Ifigenia Martínez, una mujer igualmente irreprochable: economista, académica y política que encabezara la Corriente Democrática en 1987, renunciando al PRI junto con Cuauhtémoc Cárdenas y Porfirio Muñoz Ledo. Ifigenia había sido cofundadora en 1951 de la CEPAL en México y, a lo largo de su trayectoria, se distinguió como una de las primeras mujeres que logró importantes responsabilidades como funcionaria del gobierno: subsecretaria de Estado, diputada, senadora y embajadora. María Rojo consiguió que venciera el argumento: "ella es de casa, ella es miembro del PRD". Sólo así derrotó la resistencia para que se le entregara el premio a Granados Chapa.

El periodista insiste en su desconfianza en los "Chuchos", la corriente Nueva Izquierda que lidera Jesús Ortega y en la que destacan Jesús Zambrano, Guadalupe Acosta Naranjo, Carlos Navarrete, Zeferino Torreblanca, Juan Sabines y otros más opuestos al grupo de Alejandro Encinas. Señala: "Son de aquellos oportunistas que dicen ser de izquierda, pero se han dejado comprar. Varios de ellos comenzaron su trayectoria pagados por el gobierno, cuando Echeverría los engordaba para combatir a Heberto Castillo. No puedo confiar en ellos".

Piensa que, salvo que ocurra una regeneración, el PRD se conduce al declive. Granados Chapa sostiene que hay una amplia mayoría de votantes que sufraga por candidatos de izquierda y no apoya al PRD, cuyos afiliados no rebasan los cuatro millones de firmas. Argumenta que Cárdenas tuvo seis millones de votos y AMLO, catorce millones. Desea que un vasto sector de la población se manifieste en torno a los principios de izquierda, manteniéndose ajeno a las disputas y estructura del partido.

Su esperanza es que la izquierda se organice como propone AMLO, desde las bases, con comités municipales. López Obrador tiene comités de apoyo en cuando menos 500 municipios del país y su apuesta es que en el mediano plazo él se acomode en alguno de los partidos existentes o que en el 2012, cuando legalmente se abran las posibilidades de crear un nuevo partido, sea él quien lo encabece.

Reconoce que el subcomandante Marcos (Rafael Guillén) habría podido tener la estatura de líder de la izquierda en México por el dinamismo que mostró, sin embargo, piensa, no supo asumir verdadero liderazgo ni proyectarse en una lucha nacional. "Me entrevisté con él un par de veces, cara a máscara, y me dio la impresión de que podía llegar a ser una figura importante para la izquierda mexicana porque dio un golpe mediático internacional que fortaleció un movimiento nacional. Sin embargo, se dejó ganar por la frustración y el engaño, por la avaricia personal. No tuvo perspectiva de ver hacia adelante y se recluyó. Si López Obrador está en las márgenes, Marcos hoy está en las márgenes de las márgenes…".

Granados Chapa no confía en Marcos, especialmente porque en 2006, en su gira política nacional "La otra campaña", éste se hizo llamar "el delegado cero" y se pronunció contra López Obrador, acusándolo de mentiroso, sectario, intolerante e incongruente, y se opuso a la presencia de Elena Poniatowska en el mitin del Zócalo, intentando así dividir a la izquierda y al grupo intelectual. "Marcos no aceptó otro protagonismo de izquierda, receló el liderazgo de AMLO y no entendió que sumándose a él, sus reivindicaciones hubieran podido alcanzarse", dice.

Lamenta que tras la caída del Muro de Berlín exista una gran derrota de la izquierda a nivel mundial, una frustración en el ánimo social, una tendencia a una resignación amarga: "La gente se ha vuelto conservadora, tiene poco y no quiere ponerlo en riesgo". Desde su perspectiva, impera la individualidad, el sálvese quien pueda que afloja la cohesión social. Deplora que la izquierda esté anquilosada, sea esquemática y responda a un ánimo social en decadencia: "La izquierda debería ser racional y discutidora; vivir de argumentos, no de mitos", señala.

A diferencia de muchos que ven en AMLO a un césar caudillista, un populista capaz de asumir rasgos dictatoriales en el uso del poder, Granados Chapa mantiene su esperanza en él. Está convencido que es un luchador social por excelencia. Aún no se resquebraja el mito.

Procesos judiciales
y críticas en su contra

Miguel Ángel Granados Chapa no se ha mordido la lengua para decir lo que piensa y ha tenido que enfrentar dos procesos judiciales que lo acusaron de difamación y daño moral. "Han sido latosos y prolongados", señala. El primero lo interpuso el ex diputado Gerardo Sosa Castelán por el prólogo que el periodista escribió para el libro *La Sosa Nostra. Gobierno y porrismo coludidos en Hidalgo*, de Alfredo Rivera Flores, publicado en 2004; y el segundo, Regino Díaz Redondo, en 2005.

Sosa, rector de la Universidad Autónoma del Estado de Hidalgo, demandó a todos los involucrados en el libro, desde el autor hasta el editor. Su molestia era que tanto Rivera Flores como Granados Chapa lo culparon de haber creado grupos porriles al interior de la universidad, lo tildaron de "cacique autoritario", y cuestionaron su poder y cuantioso capital que denunciaron fue acumulado a la sombra del tráfico de influencias.

Granados Chapa asegura que la demanda de daño moral no es válida ni se aplica en el caso de Sosa. "No herimos su reputación, como él dice. Lo presentamos como lo que es: un bandolero. Insiste que lesionamos sus posibilidades políticas en Hidalgo porque él quería ser gobernador, pero esto es una falacia. Seis años antes de que apareciera el libro intentó ser precandidato y perdió", sostiene. Insiste que Sosa actúa como dueño de la UAEH: "desde 1987 es el amo". Desde esa trinchera, dice Miguel Ángel, ha logrado la fortaleza institucional y financiera que posee. "Tan es así, que a principios de 2010, lo nombraron nuevamente secretario general. Eso quiere decir que no hemos incidido en dañar su reputación, o bien muestra lo que dice Alfredo Rivera Flores: que la universidad es su coto de poder. La maneja como suya, tesis principal del libro", argumenta.

El juicio fue engorroso y tras casi seis años de diligencias y amparos, en marzo de 2010, el juez finalmente absolvió a Granados Chapa, al editor Miguel Ángel Porrúa, a Libraria que formó la tipografía, a Enrique Garnica el diseñador de la portada y al fotógrafo Héctor Rubio Traspeña. Sin embargo, Rivera Flores sigue acusado. "Es una sentencia absurda. Si había razones contra Rivera, éstas eran igualmente válidas contra mí. La absolución debiera haberse aplicado en todos los casos y está basada en una legislación antigua que ya no debería de aplicarse", califica.

Granados Chapa ha sido protagonista de los triunfos del gremio contra las reformas a la ley que establece la responsabilidad por daño moral (artículo 1916, del Código Civil Federal). Cuando en diciembre de 1982, Miguel de la Madrid, recién llegado al cargo de presidente, estableció la responsabilidad por daño moral, Granados Chapa presidía la Unión Nacional de Periodistas Democráticos. El presidente había propuesto un programa de acción para la renovación moral de la sociedad y sostenía que eso implicaba al gobierno y a la sociedad. "Tenía en la mira a periodistas que agraviaban a funcionarios y era ésa su manera de inducir el buen comportamiento de los que laboramos en los medios de comunicación", dice.

Miguel Ángel, como líder de periodistas, organizó en aquellos años movilizaciones contra la reforma mediante marchas, alegatos por escrito y mítines en el emblemático monumento a Francisco Zarco –cronista parlamentario en el siglo XIX que criticó al sistema, impulsó la Reforma y quien pasó a la historia, entre otras cosas, por su sentencia: "No escribas como periodista, lo que no puedas sostener como hombre".

El movimiento contra la ley de responsabilidad por daño moral, que encabezó Granados Chapa, propició que el gobierno reaccionara como si los atendiera: con una reforma a la reforma que pretendidamente ponía a los periodistas a salvo de ese ilícito. Aunque ésta fue insuficiente, el grupo de periodistas se conformó y dio su brazo a torcer. Acepta Granados Chapa: "No insistimos más".

Para Miguel Ángel el error principal de esa reforma es que dicho artículo –que en 2007 se suprimió pero que se sigue aplicando– está incluido en un capítulo titulado: "De la responsabilidad causada por hechos ilícitos", cuyo objetivo es retribuir una indemnización económica por los daños causados. Explica: "Los jueces dan por hecho que publicar un libro, revista o periódico es un 'hecho ilícito', como un perro que transita por las calles sin estar vacunado, muerde y provoca rabia; o como una maceta de una repisa volada que cae sobre algún transeúnte. Dicen que cuando ese 'hecho ilícito' atenta contra la reputación de alguien, hay que pagar una indemnización al perjudicado".

Como un triunfo del gremio, hoy la ley es como en otros países: sólo una defensa del honor. Ya no hay sanción financiera. La pena es publicar, mediante un desplegado, la sentencia que condena al difamador. Sin embargo, aún no se aplica.

Granados Chapa espera que en el caso de Rivera ése sea el veredicto final. Los jueces han insistido en aplicar la reforma anterior, vigente cuando el libro se publicó, y le exigen al autor que le pague grandes cantidades de dinero a Sosa como indemnización por el daño moral. "Es un absurdo sobre el absurdo –califica Miguel Ángel. La gente tiene derecho a que no la difamen, pero no a hacer un negocio con la defensa de su reputación".

El periodista enfrentó también un juicio contra Regino Díaz Redondo. Canal Once lo había invitado a un programa en 2005 para examinar la trayectoria del diario *Excélsior*, de la que él fue protagonista entre 1966 y 1976. Expuso su parecer sobre el periódico y no vaciló en emitir juicios adversos sobre la actuación de Díaz Redondo, acusándolo inclusive de cocainómano. "Lo dije porque me constaba: era un drogadicto. Yo lo vi guardándose los sobres de coca en la corbata y lo vi también aspirando la droga", señala.

Habló, asimismo, de su incapacidad periodística. Se refirió, entre otras cosas, a sus latrocinios en el diario, específicamente a su falsa entrevista con los miembros de ETA que asesinaron al almirante Luis Carrero Blanco.[11] "Lo dije para mostrar su escasa calidad moral y su incompetencia periodística. Nunca fue un hombre de valía", acusa.

En diciembre de 2005, el Juez Onceavo de lo Civil consideró que Díaz Redondo era "una persona honorable, digna y de buena reputación" y condenó a Granados Chapa por causarle "daño moral" con sus declaraciones, específicamente por atacar su "vida privada". Granados Chapa se amparó y finalmente logró ser absuelto. Díaz Redondo se marchó a España, dejó de actuar legalmente y el juicio se canceló por desinterés de las partes.

Con la absolución en ambos casos, Granados Chapa asegura que, por ahora, está "libre como el viento". Sin embargo, continúan publicándose cartas y desplegados en su contra, pan de cada día, consecuencia natural del oficio. Su filosofía es: "el que no quiera ver fantasmas, que no salga de noche; es decir, el que no quiera que le contesten, pues que no escriba".

En general, no contesta desplegados, sólo cartas personales y réplicas de quien le escribe públicamente. "Cuando me corrigen, yo rectifico, admito mi error y doy crédito a quien me aclara la información, pero eso casi nunca sucede. Más bien se defienden los aludidos y, al hacerlo ante la opinión pública, con sus justificaciones sólo ratifican aquello de lo que trataban de exculparse".

En tan sólo una semana, una de mayo de 2010, por ejemplo, Miguel Ángel recibió tres réplicas en *Reforma*: una del presidente Calderón y otra de Genaro García Luna que responden en diferentes misivas al cuestionamiento que el periodista les hizo de enriquecimiento ilícito,[12] y un desplegado de página completa –que debió haber costado cerca de 300 mil pesos– del Sindicato Nacional de Trabajadores de la Exploración, Explo-

---

[11] Véase el capítulo: "La ceguera de Julio Scherer", páginas 65-72.
[12] La crítica de Granados Chapa a la relación de Calderón con García Luna se aborda con mayor profundidad en el capítulo: "Incursión política: Felipe Calderón le 'jugó chueco'", página 127.

tación y Beneficio de Minas de la República Mexicana, encabezado por Elías Morales, como réplica a su Plaza Pública del 13 de mayo: "Nuevas vicisitudes mineras". En los tres casos era la primera vez que recibía una réplica de estos personajes, a pesar de que continuamente escribe de ellos.

El sindicato replicante, que dice estar adherido a la Federación Nacional de Sindicatos Independientes, acusó a Granados Chapa de argumentar con "ligereza de comentarios", estar "mal informado" y ser "tendencioso". Reacciona a una nota en la que el periodista exhibe que dicho grupo regiomontano es una estructura hueca resucitada por el Grupo México y la Secretaría del Trabajo, con el único objetivo de desplazar al Sindicato Nacional de Trabajadores Mineros, Metalúrgicos, Siderúrgicos y Similares de la República Mexicana, que encabezaba el líder depuesto Napoleón Gómez Urrutia. Acusó que en los dos años de conflicto del Grupo México, este "sindicato espurio" pasó de cien miembros registrados ante la Secretaría del Trabajo, a más de nueve mil.

"Yo defiendo al sindicato original y de refilón a Napoleón Gómez Urrutia, un hombre que goza de mala fama por ser blanco de ataque del gobierno y del Grupo México", dice. Sostiene que si éste fuera enemigo de las empresas mineras, como dice el gobierno, también tendría problemas con Peñoles, una compañía minera prosperísima, y con Acerlor Mittal, industria india que en diciembre de 2006 compró la Siderúrgica Lázaro Cárdenas (Sicartsa) por 1.439 millones de dólares. "En esas empresas ha habido incrementos salariales anuales de más del 8% y las relaciones obrero-patronales son tersas. Se revisan los contratos sin contratiempos y la industria minera prospera, es la que menos ha resentido las crisis".

La defensa de Granados Chapa por Gómez Urrutia –acusado penalmente de haberse quedado con 45 millones de dólares de un fondo que recibió para el sindicato–, ahora en el exilio, es casi total, aunque reconoce que, como otros dirigentes sindicales, se aprovecha de su condición y no rinde cuentas. A pesar de haber heredado el sindicato minero después de que lo dirigió su padre durante cuarenta años, un acto de nepotismo que debería de ser condenado, Granados Chapa justifica su defensa. "Ése es su defecto –señala–, pero lo ha hecho bien y ha sabido velar por los derechos de los trabajadores mineros".

Destaca que, a diferencia de su padre, Gómez Urrutia es un hombre con preparación: economista con posgrado en la Universidad de Oxford y en la Universidad de Berlín, gracias a una beca del sindicato; director de la Casa de Moneda de México, experto en metales y conocedor del mercado, información que le permitía saber cuándo exigir más a las empresas. "Esa cualidad es la que irritó a Germán Larrea Mota-Velasco del Grupo México", afirma.

La relación de Granados Chapa con el sindicato minero viene desde niño, en Pachuca, cuando a sus trece o catorce años asistía al club deportivo de este gremio gracias a su amistad con Luis Manuel Ángeles, su compañero de secundaria. "Mi gratitud es antigua y cargada de nostalgia", reconoce. El padre de Luis era el portero del club deportivo de los mineros y por eso los dejaban entrar. "Ese sitio supuestamente era sólo para los trabajadores de ese oficio –aclara–, pero tenían manga ancha y dejaban entrar a cualquier muchacho que tocara a su puerta".

Recuerda que las instalaciones eran magníficas, sólo faltaba alberca: canchas de todos los deportes, mesas de billar y juegos de salón, baños espléndidos. Miguel Ángel jugó ahí basquetbol y, sobre todo, disfrutó los partidos de los profesionales. "Durante toda mi adolescencia, pasé en ese club todos mis ratos de esparcimiento, ya fuera practicando deporte o viendo a quienes sí sabían jugar básquet, box y frontenis. Era un lugar para estar, un 'club propio' por el que no tuve que pagar ni un centavo", señala.

Creció imbuido en el ambiente de mineros y escuchando discusiones del sindicalismo. Ahí conoció las historias del Sindicato Industrial de Obreros y Empleados Mineros Metalúrgicos y Similares de la República Mexicana, fundado en el Teatro Bartolomé de Medina de la capital hidalguense, el 11 de julio de 1934, siete años antes del nacimiento de Miguel

Ángel. "Cada 11 de julio –apunta– Pachuca celebraba la victoria de los trabajadores mineros y la fiesta incluía una carrera atlética de cinco kilómetros de noche, con antorchas. Yo participé cuatro veces y mi objetivo sólo era llegar a la meta. La cruzaba como en el lugar setenta u ochenta, diez minutos después del ganador. Ni cabeza ni cola, siempre llegaba con la mayoría de los competidores".

Las secciones 1 y 2 del sindicato habían sido de pachuqueños encabezados por Agustín Guzmán, hidalguense que destacó por su capacidad para unificar a los trabajadores del gremio a nivel nacional, y cuyos nietos eran amigos de Miguel Ángel. "Ya de adulto, cuando me inicié como periodista, conocí a los líderes y eran hombres que laboraban sólo un par de años en las secciones sindicales y volvían a sus trabajos, sin enriquecerse. Había un gran respeto a las bases", sostiene.

En Pachuca constató los eficaces servicios que tenían los mineros que aprovechaban buen club deportivo y, también, hospital de calidad. En la ciudad había sólo dos establecimientos médicos: el Hospital Civil y la Clínica del Sindicato Minero, esta última gozaba de buenas instalaciones, y tenía el primer y único elevador de la ciudad. "Así conocí los elevadores", recuerda. Para él, era una muestra fehaciente de que el sindicalismo funcionaba, de que las cuotas del sindicato derivaban en servicios como esos.

Reconoce, sin embargo, que esa visión idílica desapareció y que los líderes sindicales han impuesto un cacicazgo de autoritarismo, enriquecimiento y nepotismo. En sesenta años, el sindicato minero ha tenido sólo tres líderes: Filiberto Ruvalcaba, de Jalisco, de 1940 a 1960; Napoleón Gómez Sada, de 1960 a 2001; y Napoleón Gómez Urrutia, quien heredó el cargo y a quien el periodista defiende por "respeto al sindicalismo".

Su voz la levanta en defensa de casi todos los sindicatos, salvo el de la Educación (SNTE), porque no tiene ya simpatía por su lideresa. Con Elba Esther Gordillo, el entusiasmo se tornó desencanto. A pesar de que llegó al puesto de presidenta del SNTE desde arriba, por dedazo del presidente Carlos Salinas, a Granados Chapa le pareció en un primer momento que ella era una promesa de renovación del sindicato magisterial. "Empezó a probar que tenía esa intención", dice.

El periodista aplaudió especialmente la creación de la Fundación SNTE para la Cultura del Maestro Mexicano y que ella hubiera designado como director a Olac Fuentes Molinar, su más acérrimo crítico. Junto con Cristina Barros, Roger Díaz de Cossío y José Zaidenweber, Miguel Ángel llegó a formar parte del patronato de la Fundación SNTE. Aunque asegura que no manejó ni un centavo, era el tesorero de este organismo que hacía investigación y promovía la edición de publicaciones para mejorar la práctica magisterial. Sin embargo, dice Miguel Ángel, ella empezó a ser una "dirigente típica", al reelegirse una y otra vez.

En 1996, Gordillo retiró el apoyo a la fundación y renunciaron en serie todos los miembros del patronato, incluido Granados Chapa. Dice: "Desde mediados de los noventa ha acrecentado su poder personal en el sindicato. Durante años era la verdadera lideresa atrás de los secretarios generales, personajes dóciles a quienes ella ponía y quitaba. Ahora reformó los estatutos y es la presidenta vitalicia del SNTE, una mujer muy poderosa de la que desconfío. Por eso escribo contra ella, porque se apoderó de forma ilegal del sindicato y, cuando era secretaria general del PRI, llegó al extremo de formar su propio partido, el Partido Nueva Alianza, con el que se alió a Felipe Calderón para impulsar su triunfo".

Las defensas sindicales le han provocado al periodista un álgido intercambio epistolar público con Javier Lozano Alarcón, secretario del Trabajo y Previsión Social, y con otros subsecretarios de la misma dependencia. El 26 de agosto de 2009, *Reforma* publicó una carta de Lozano en la que con respecto a la huelga de Volkswagen,[13] acusó a Granados Chapa de parcialidad al escribir: "Total que cuando no se dedica usted a defender a ultranza la causa del ex líder minero y prófugo de la justicia Napoleón Gómez Urrutia, trata entonces de encontrarle

---

[13] Plaza Pública: "Tras la huelga en VW", *Reforma*, 25 de agosto de 2009.

'peros' a la conciliación exitosa entre partes de buena fe. En suma me queda claro que lo suyo, lo suyo, lo suyo… no es defender el tema laboral".

Granados Chapa no se dejó. Adujo que el secretario Lozano no llamó, como él dijo, "a la conciliación, responsabilidad y prudencia, sino a la rendición de los trabajadores", pues sólo se dirigió a ellos y no a la empresa, y el periodista reviró la mofa al secretario de Trabajo, a quien acusó de improvisado: "Lo suyo, lo suyo, lo suyo… no es el tema laboral".[14]

Estos intercambios se han vuelto especialmente álgidos por la defensa que el periodista ha hecho del Sindicato Mexicano de Electricistas, dando voz al grupo minoritario desprestigiado por el gobierno que se negó a renunciar a la Compañía de Luz y Fuerza del Centro –liquidada el 10 de octubre de 2009 por un decreto presidencial de extinción– y que en abril de 2010 llegó, inclusive, a la huelga de hambre. Álvaro Castro Estrada, subsecretario del Trabajo, respondió al autor de la Plaza Pública: "No debe permitirse que se confunda a la opinión pública…, que se antepongan lo que denomina recursos de lucha social y políticos a los recursos legales".[15]

Para Granados Chapa, su espacio periodístico sirve justamente para ventilar la lucha social de quienes carecen de voz y ésa seguirá siendo su tónica. Asimismo, su Plaza Pública sirve como quinta columna para vigilar el comportamiento de los funcionarios en el poder y censurar a quienes no cumplen con el cargo que se les imputó.

Las polémicas más célebres las ha sostenido con Miguel Ángel Yunes que es, según el periodista, su "más contumaz refutador" y quien le ha respondido al menos una decena de veces. "Nos llevamos mal", sostiene. Basta leer las Plazas Públicas sobre Yunes y las réplicas que han provocado desde 1997, cuando era secretario de Gobierno en Veracruz, hasta

---

[14] "Réplica/ Granados Chapa responde", *Reforma*, 27 de agosto de 2009.
[15] "Réplica/ Responde la STPS", *Reforma*, 28 de abril de 2010, en alusión a la Plaza Pública: "Nueva huelga de hambre del SME" del 27 de abril de 2010.

hace unos días, que fue candidato a la gubernatura de su estado, por el PAN y el Panal, para ver el grado de animadversión que hay entre ellos.

Granados Chapa ha seguido de cerca a Yunes desde que era secretario técnico del Consejo Nacional del PRI veracruzano, luego como director de Prevención y Readaptación Social de la Secretaría de Gobernación, presidente del Tribunal Fiscal de Veracruz, director del ISSSTE y recientemente como candidato.

Tras el encarcelamiento de Dante Delgado, quien se opuso al PRI para crear Convergencia por la Democracia, Granados Chapa acusó en 1997 a Yunes –entonces secretario del gobierno veracruzano de Patricio Chirinos– de ser un "político bilioso y cobarde, que tira la piedra y esconde la mano" (*Reforma*, 8 de septiembre de 1997).

Yunes respondió con el mismo aliento de diatriba arguyendo que el periodista es "un cobarde" que afirma "auténticas tonterías"; acusó que su Plaza Pública es un "compendio de ocurrencias rencorosas y agrias", y lo culpó de escribir en su carácter de militante y no de analista imparcial. Echó pulla: "(Granados Chapa) inaugura un nuevo género entre la columna política y la nota roja, reflejo del intelecto y del alma del señor Granados, quien seguramente escribió sentado frente al espejo" (*Reforma*, 11 de septiembre de 1997).

El 24 de agosto de 2000, en una defensa a Samuel del Villar, nuevamente arremete el periodista contra Yunes. Lo acusa de ser un "político lodero", "arbitrario y torpe" que ha tenido estrategias intimidatorias para difamar no sólo a Delgado y a Del Villar, sino también a Ignacio Morales Lechuga, quien fuera procurador general de la República y renunciara al PRI en septiembre de 1997. En esa Plaza Pública hizo el periodista un recuento de la trayectoria de Yunes, de su "vocación para embestir".

Ésta provocó una réplica rabiosa del funcionario que, al día siguiente, en el mismo medio, protestó: "No entiendo su aspiración de convertirse en mi biógrafo". Lo imputó con descalificaciones personales en un tono rijoso y difamatorio aún más ácido: "No autorizo a que mi biografía la escriba un fracasado. Fracasó como editor; su revista *Mira* (la que nadie miró) no logró sostenerse ni aún con toda la publicidad gubernamental que en cada número recibía. Fracasó en sus intentos de ser director en todos los medios en que sucesivamente ha prestado sus servicios antes de entrar en conflicto con sus directivos. Fracasó como político; su candidatura a gobernador del estado de Hidalgo obtuvo el último lugar en la preferencia de los electores. Fracasó también en su aspiración de ser consejero del actual Instituto Federal Electoral. Ese es Granados Chapa, por eso no me interesa como biógrafo. Puede seguir dedicando su boca y su mano a defender la arbitrariedad y la ineptitud de Samuel del Villar"[16].

Miguel Ángel no se escamó. Por el contrario, fortalecido, contraatacó: "Yunes descalifica al autor, pero no desmiente el contenido. Se trata de una biografía no autorizada. Pero certera" (*Reforma*, 25 de agosto de 2000).

El 27 de febrero de 2002, nuevamente Yunes golpeó al columnista: "Me divierte mucho su fobia hacia mi persona, señor Granados. Me gusta contribuir a su conocida amargura"[17].

De a tiro por viaje, son las descalificaciones cada vez que Granados Chapa decide escribir sobre Yunes. Es de esperarse que mientras sigan las Plazas Públicas sobre él, seguirán aumentando las páginas del glosario de adjetivos que ambos se profesan: el periodista en descargo de su oficio, sazonando sus pensamientos con una dosis de repudio personal a la forma de proceder del político, y Miguel Ángel Yunes, aprovechando cualquier oportunidad para responder a bote pronto, en su afán de descalificar la calidad moral del periodista.

"Ha sido un abusivo en el servicio público, un hombre mentiroso, autoritario y arbitrario que ha escogido el juego rudo y ha servido al sistema para obturar, mezclando la mendacidad con las amenazas. Lo seguiré de cerca mientras yo

---

[16] Carta en *Reforma* del 25 de agosto de 2000: "No me interesa como biógrafo".
[17] Carta de Miguel Ángel Yunes en *Reforma* titulada "Explica incidente", en alusión a la Plaza Pública: "PRI partido" del 26 de febrero de 2002.

viva. Aunque sus argumentos son endebles y es fácil descubrir sus amagos y engaños, él se defiende siempre. Es peleador: pugnaz y discutidor", sostiene Granados Chapa.

No obstante el nivel rijoso de bravuconería aderezado con dimes y diretes, pocos lectores se detienen en esas cartas, menos ahora que sale el artículo un día y la respuesta al siguiente, quedándose el asunto y las rectificaciones sin el contexto necesario para comprenderse. "Pareciera que son diatribas insulsas, arrebatos para llenar espacio del diario", acepta el periodista.

La vida tiene fin

Miguel Ángel siempre fue sano y, por lo mismo, desidioso de ir al médico. Hubo señales de la enfermedad. No sólo en él, dos de sus hermanos, Horacio y Emelia, tenían cáncer de colon y ni eso lo mandó al médico. En julio de 2007, una sobrina iridióloga le vio los ojos. "Tienes anemia", le dijo. Él no lo creyó.

Para diciembre, el diagnóstico era claro: el mismo que el de sus hermanos. Seis meses después, a mediados de 2008, atendido por el doctor Juan W. Zinser Sierra, comenzaron las radiaciones y la quimioterapia para el cáncer de colon. "Tomé la enfermedad con cierta decepción, no me quería morir y asumí conductas infantiles. Por ejemplo: dejé de pagar impuestos. Si ya me iba a morir, ¿para qué pagar? Pensé: 'Si no me muero, pagaré con gusto los recargos'. Así los estoy pagando".

En noviembre de 2008 padeció la peor crisis, perdió 22 kilos, pesaba sólo 48. Era un hilacho cuando fue hospitalizado, completamente reseco. Por vez primera se sintió en la antesala de la muerte. Su hermana Emelia, que trabajaba con él, acababa de morir: parecía que ya había librado el cáncer, pero, como él, se secó.

¿Tuviste miedo?, le pregunto. "Al principio no, lo tomé con tranquilidad, con cierta decepción, pero al ver morir a Emelia, y entrar yo al hospital un mes después, el 4 de noviembre, igualmente reseco, estaba cierto que iba a morir. Sentí los pasos de la muerte…".

A Miguel Ángel no le gusta hablar de la enfermedad. A sus hijos y a Shulamit, su querida compañera, les pidió que no hicieran de eso un tema de conversación. "No quiero estar hablando de mí y de mis males. Me choca ese tipo de personas que se la pasan quejándose. La enfermedad es evidente, pero no la difundo".

No ha cesado de trabajar, no obstante que aún continúa con tratamientos quincenales de quimioterapia, sin final programado. Labora como jovencito, con una carga y una energía que sorprenden: a diario conduce el noticiero matutino en Radio UNAM; escribe la Plaza Pública en *Reforma*, que se multiplica en cientos de periódicos al interior de la República, y La Calle, artículos de cultura que publica en *Metro*. Los domingos participa en el programa "Encuentro" en Radio Fórmula, que encabeza Ricardo Rocha. Adicionalmente, cada semana publica su columna Interés Público en *Proceso*.

En él, el sentido del deber, la responsabilidad laboral, pareciera una tiranía. Miguel Ángel se justifica: "Sólo me ausenté del trabajo los quince días que estuve en el hospital. Así me enseñó mi madre: a nunca faltar".

Sabe que está luchando. "Para no ser triunfalista, tengo los ejemplos de Emelia y Horacio, que murieron a causa de esta enfermedad", dice. Sin embargo, se maneja con la lógica del alcohólico anónimo: "día a día".

Vive intensamente, se mantiene trabajando y, cuando piensa en su muerte, quiere que sea como la de Emelia. "Mis dos hermanas, Elbecia y Emelia, vivían juntas. Eran solteras. Todos los viernes encendían la radio a las 8:30 de la mañana y la sintonizaban en Radio UNAM –860 de AM ó 96.1 de FM– para escuchar mi programa. Ese viernes 3 de octubre de 2008, Elbecia prendió la radio y la colocó junto a la cama de Emelia para que escuchara la 'Plaza Pública'. Estaba ya muerta, ya no me oyó. Así dormido quisiera yo decir adiós".

Aún tiene pendientes que alimentan su tiempo. Una novela, *Bucareli*, que está en su mente y que narrará lo que ha acontecido desde el periodo colonial hasta el día de hoy en la calle de Bucareli: refugio de periodistas, policías y exiliados. Asimismo, tiene sin terminar su tesis doctoral: la biografía política de Jesús Reyes Heroles. También tiene en proceso, adelantada, una biografía de Manuel Buendía[18]. Y, por supuesto, sigue pendiente su diario oficio, que emprende con manía y escrúpulo.

"Disfruto el trabajo, pero no es mi gozo". Su gozo es el abrazo de sus hijos y nietos, un buen concierto de la Filarmónica de la UNAM o de la Sinfónica de Minería, viajar a París o disfrutar un bolero de Los Panchos con Shulamit, historiadora, con quien mantiene una relación tardía, pero libre. Recuenta: "Cuando en 1994 murió Arturo Herrera, mi más cercano amigo, llegaron mis tres hijos al sepelio a Pachuca sin que yo se los pidiera y Luis Fernando, que es muy alto, me acogió en sus brazos. Me convertí en el hijo de mi hijo, me cobijó y fue una de las sensaciones más hermosas de mi vida".

La enfermedad ha sido una oportunidad para seguir asumiendo la vida con humor. Bromeando con sus hijos ha recordado a Renato Leduc, un periodista relevante que llegó a la vejez sin ningún patrimonio: tenía que escribir porque si no, no comía, y quien, al final de sus días, a pesar de que perdió la cordura y la sensatez –califica Granados Chapa–, siguió publicando en *Excélsior*.

Miguel Ángel les ha pedido a sus tres hijos: Luis Fernando, Tomás Gerardo y Rosario Inés, que nunca vayan a permitir lo que hizo Patricia Leduc, la hija de Renato, que lo dejó seguir publicando barbaridades, a pesar de que sin la mínima articulación escribía apologías de personajes indefendibles, como La Quina, el corrupto líder sindical de Pemex, en textos pésimamente escritos.

Les anticipa: "Cuando ustedes lleguen a advertir que me ha ganado la senilidad y que me esté pasando algo semejante: es decir, que escriba yo tonterías, prométanme desde ahora que me lo dirán de frente". Sus tres hijos le han respondido del mismo modo socarrón, mofándose de él: "Pues ya nos tardamos, papá, desde la semana pasada debimos haberte amarrado las manos…".

---

[18] Véase el capítulo: "Manuel Buendía: amigo, asesinado", página 93.

Apéndice:
Las historias detrás de los libros
de Granados Chapa

1. *Vicente García Torres: Monitor de la República* (SEP, 1967)

Desde mediados de la década de 1960, Miguel Ángel era profesor en la Facultad de Ciencias Políticas y Sociales, y durante cerca de veinte años impartió las cátedras: Régimen Legal de los Medios y Derecho Constitucional. En 1967 se celebraba el centenario del triunfo de la República, cuando Juárez venció a los franceses, y el escritor Fedro Guillén –quien había sido su maestro y ahora su colega como docente en la facultad y encargado de Publicaciones de la Secretaría de Educación Pública– le pidió que escribiera de Vicente García Torres, periodista pachuqueño que dirigió *El Monitor Republicano*, hidalguense como Granados Chapa.

Miguel Ángel admiraba a García Torres desde su época de estudiante universitario, cuando lo estudió en las clases de Historia del Periodismo que impartía María del Carmen Ruiz Castañeda, directora de la Hemeroteca Nacional, a quien recuerda como la mayor conocedora de la historia de la prensa, la maestra más generosa que tuvo "porque compartía su saber dentro y fuera del aula".

Investigó a García Torres –al personaje y a su obra: *El Monitor Republicano*, el segundo diario liberal más importante del siglo XIX– y escribió un cuadernito que la SEP publicó. "Aunque era casi un folletito, fue muy emocionante ver mi nombre sobre la portada", dice.

2. *Excélsior y otros temas de comunicación* (El Caballito, 1980)

Manuel López Gallo, dueño de la librería El Sótano y de la editorial El Caballito, propuso al periodista editar un libro que compilara sus mejores colaboraciones de *Excélsior*, aquellas que publicó desde 1968 hasta el golpe al diario en 1976, así como sus Plazas Públicas en *Cine Mundial* y *unomásuno*. Incluyó conferencias y ensayos más largos sobre el golpe de Echeverría a *Excélsior* y la libertad de expresión, y otros temas como el sindicalismo en México y la regulación jurídica de los medios de comunicación.

López Gallo era amigo de Francisco Martínez de la Vega, cercanísimo a Miguel Ángel, y dice él que, "por cariño a don Paco", como un gesto de simpatía, el editor propició aquel acercamiento que culminó en libro.

3. *Examen de la comunicación en México* (El Caballito, 1980)

Como al primer libro que publicó López Gallo le fue bien, se vendieron los ejemplares, le pidió al autor una nueva compilación de textos que habían quedado fuera. Así surgió este libro en ese mismo año.

4. *La reforma política* (UAM Azcapotzalco, 1981)

Es un conjunto de columnas y artículos sobre la reforma política que encabezó Jesús Reyes Heroles. "El libro tuvo mala distribución, fue un pequeño folleto", dice.

5. *La banca nuestra de cada día* (Océano, 1982)

Es su primer libro escrito propiamente como tal. Lo inspiró la expropiación bancaria del 1° de septiembre de

1982 y es una historia del sistema bancario mexicano y un análisis del decreto de expropiación emitido por José López Portillo, que el periodista vio con simpatía. Incluye una narración de lo ocurrido en la Cámara de Diputados en aquella fecha.

6. *Alfonso Cravioto, un liberal hidalguense* (Océano, 1984)

Se cumplían cien años del nacimiento de Cravioto Mejorada, poeta y político mexicano, y Granados Chapa decidió escribir sobre él, no sólo por su admiración como hidalguense ilustre, sino por haber tenido una trayectoria en las letras y la política digna de ser rescatada.

"La historia de mi estado me interesa mucho. A Cravioto lo admiré desde siempre por su variada actividad y por sus luchas. Era el único hidalguense que había ocupado una silla en la Academia Mexicana de la Lengua y, cuando hice aquel libro en 1984, no imaginaba que yo sería el segundo", dice.

Cravioto Mejorada, hijo del general Rafael Cravioto –gobernador de Hidalgo durante el régimen de Porfirio Díaz–, se rebeló a su padre y fue enardecido opositor de Díaz. En 1903, en una manifestación contra la reelección, fue encarcelado junto con Santiago de la Hoz, Juana Sarabia y los hermanos Flores Magón. Se le acusó de escribir sátiras contra el presidente Díaz.

Con Luis Castillo Ledón, creó y dirigió en marzo de 1906 la revista literaria *Savia Moderna* que, a pesar de que publicó sólo cinco números, fue el antecedente del Ateneo de la Juventud en su afán de renovar y modernizar la literatura mexicana.

Fue diputado por Hidalgo como parte de Los Renovadores de 1911 y 1913; y en 1916 formó parte del Congreso Constituyente que redactó la Constitución aportando elementos al Artículo 123 sobre el derecho de los trabajadores. Fue senador por Hidalgo de 1918 a 1922, y presidente del Senado en 1921. Ocupó diversos cargos, entre ellos: director de Bellas Artes (1914), oficial mayor de la SEP (1915-1917), y embajador de México en diversos países latinoamericanos como Guatemala, Chile, Cuba y Bolivia (1925-1943). En 1938 fue electo miembro de la Academia Mexicana de la Lengua y en 1950 ocupó la silla XVIII.

Esta biografía que escribió Granados Chapa es uno de los libros que el autor más aprecia. Tiene en la portada una imagen de la estancia de Cravioto en prisión, una ventanita de la celda con su cara, en aquellos tiempos en que fue revolucionario magonista. Fue Arturo Herrera Cabañas, su amigo desde el bachillerato, fallecido en 1994, quien desde diez años antes promovió la idea de recordar a Cravioto en su centenario.

7. *Votar, ¿para qué? Manual de elecciones* (Océano, 1985)

Este libro lo escribió Granados Chapa con la intención de fomentar la participación en las elecciones intermedias, pero más bien sirvió para la contienda de 1988 en la que por vez primera en la historia moderna de México lucharon por el voto tres candidatos sólidos, con propuestas independientes: Carlos Salinas (PRI), Cuauhtémoc Cárdenas (Frente Democrático Nacional) y Manuel Clouthier (PAN).

Dice el autor: "La izquierda usó este libro como manual de elecciones. Había crecido como movimiento opositor a las contiendas, pero no sabía cómo participar y validarse como opción política, como protagonista del juego. El libro era un examen de la ley electoral y una historia de los procesos hasta ese momento".

8. *Comunicación y política*
(Océano, 1986)

Son ensayos que el autor compila a petición de Andrés
León Quintanar, director de Océano que luego fundaría
la editorial Cal y Arena. Andrés León, con quien el periodista tenía relación por su labor como parte de la cúpula de *La Jornada*, fue un generoso impulsor de este
proyecto. Le propuso reunir textos largos, posteriores a
los compilados.

9. *¡Nava sí, Zapata no! La hora de San Luis Potosí: crónica de una lucha que triunfó*
(Grijalbo, 1992).

Es la crónica del proceso electoral potosino de 1991, de
la breve gubernatura de Fausto Zapata y de su renuncia
como resultado de la presión ejercida por el movimiento
de Salvador Nava, que había contendido a la gubernatura con una coalición de partidos opositora al PRI (PAN,
PRD y PDM). Zapata había resultado ganador tras una
elección fraudulenta y Nava emprendió una marcha por
la dignidad desde San Luis Potosí hasta la Ciudad de
México.

Salinas presidente se ubicó como negociador del conflicto –una maniobra para legitimar su poder– y obligó
a renunciar a Zapata. Impuso a Gonzalo Martínez Corbalá como gobernador del estado, ingeniero civil que se
inició en la política bajo la tutela de Lázaro Cárdenas y
apreciado por los movimientos de izquierda. Gracias a
su intervención como embajador de México en Cuba, en
la década de los ochenta, se habían tendido lazos de
amistad con Fidel Castro y se le valoraba especialmente
por su injerencia como embajador en Chile durante el
golpe de estado perpetrado a Salvador Allende el 11 de
septiembre de 1973 porque, con autorización de Luis
Echeverría, dio asilo a ciudadanos chilenos. Entre ellos,

al poeta Pablo Neruda, quien se negó a dejar su patria pese a la insistencia del gobierno mexicano.

La imposición de Martínez Corbalá como gobernador fue aceptada por la izquierda y también tranquilizó a Nava –un hombre sin afiliación partidista, que buscó el apoyo del PAN para su candidatura. Para escribir este libro, Granados Chapa lo entrevistó un sinfín de veces. "Desde la primera vez que lo busqué, Nava me causó muy buena impresión. Luchador desde siempre, tenía como único objetivo la democratización de San Luis Potosí", dice.

Según el periodista, Nava consideró una buena medida quitar a Fausto Zapata para remediar el agravio y suspendió así su marcha y movimiento. Enfermo de cáncer, murió pocos meses después en 1992 sabiendo que su lucha no había sido suficiente para establecer la democracia en su estado.

10. *El siglo de Fidel Velázquez* (Pangea, 1996)

La figura de Fidel Velázquez –fundador de la Confederación de Trabajadores de México en 1936 y líder de la misma por más de medio siglo, hasta su muerte en 1997– atrajo al periodista. Granados Chapa lo defiende: "No se enriqueció escandalosamente, fue un emblema". Nunca lo entrevistó, pero se abocó a investigar la vida de este hombre poderoso, encargado de destapar sexenalmente al candidato del PRI. "Me interesó sobre manera su trabajo sindical, su grandeza como líder. Comenzó en el campo cuando era aprendiz de carpintero en una hacienda y organizando a los lecheros inició su trayectoria", dice.

El libro fue a solicitud de Victoria Schussheim, editora de Pangea. Sin embargo, circuló poco, no tuvo buena distribución y, dice el autor, su repercusión fue muy limitada.

11. ¡Escuche, Carlos Salinas! Una respuesta al villano favorito
(Océano, 1996)

Trata sobre el encarcelamiento de Raúl Salinas, acusado del asesinato de José Francisco Ruiz Massieu –su cuñado y líder del PRI– e inculpado también por lavado de dinero y enriquecimiento ilícito. El libro alude a la ruptura del presidente Ernesto Zedillo con su antecesor e increpa y denuncia al clan de los Salinas. "A través de amigos comunes supe que mi libro irritó mucho a Carlos Salinas. Ésa era la intención", sostiene Granados Chapa.

12. Vivir en San Lázaro
(Océano, 1998)

Es una compilación de las crónicas que el periodista escribió sobre los primeros cien días de la LVII Legislatura en la Cámara de Diputados en 1997, cuando el PRI dejó de ser mayoría, mismas que publicó en *Reforma*

13. Constancia hidalguense
(Grijalbo, 1999)

Es una colección de textos sobre el gobierno y la sociedad de Hidalgo, su estado natal. Al iniciar su campaña electoral descubrió que había escrito más de mil páginas sobre el tema e hizo una selección de ellas. Se llama "constancia" en el doble significado: perseverancia y dar fe.

14. Fox & Co. Biografía no autorizada
(Grijalbo, 2000)

Granados Chapa intentó entrevistar al candidato a la presidencia Vicente Fox, quien –según dijo– no tuvo tiempo de concederle una entrevista. El periodista lo buscó durante cuatro meses. Cuando el libro estuvo listo, Marta Sahagún le llamó interesada en el encuentro, pero ya era tarde: estaba impreso y a punto de ser presentado.

Llegó a librerías entre el triunfo electoral del 2 de julio y la toma de posesión del 1° de diciembre. Al presidente electo no le gustó el libro porque exhibe los manejos económicos de la familia Fox que, mediante simulaciones agrarias y apoyos del Fobaproa, se hizo de su rancho en San Cristóbal.

Rastrea asimismo los orígenes y trayectoria de Vicente Fox, con atención especial a su postulación a la gubernatura de Guanajuato y la impugnación al triunfo de Ramón Aguirre, que concluyó con una de las primeras "concertacesiones" del régimen. Para calmar las aguas de los fraudes electorales que solía llevar a cabo la maquinaria del PRI, Carlos Salinas –como antes lo hizo en San Luis Potosí con Fausto Zapata y Salvador Nava– quitó a Aguirre, quien aparentemente había triunfado sobre Fox, para imponer a Carlos Medina Plascencia como gobernador.

Granados Chapa asegura que el libro no tuvo repercusiones porque el momento en que salió al mercado fue inadecuado: "Tras derrotar al PRI, Fox era visto como héroe. Nadie quería escuchar argumentos en su contra".

15. *Tiempo de ruptura. La fracción elbiazul, crónica parlamentaria 2003* (Planeta, 2004)

Compilación de crónicas de la LIX Legislatura, en la que se refiere a la ruptura de Elba Esther Gordillo con la bancada priísta y su alianza con el PAN, un libro que casi no circuló y cuya portada, según Granados Chapa, es fea y poco atractiva.

"No quise averiguar por qué Planeta decidió que el libro no circulara. No se hizo presentación, tardaron en producirlo y no gozó de la más mínima promoción. Los ejemplares no se vendieron y, sin duda, la editorial perdió dinero porque a mí sí me dio un anticipo. Me resulta enigmático saber qué sucedió", dice.

En proceso de escritura:

• Biografía de Manuel Buendía
Contratada con Grijalbo, probablemente verá la luz en 2011.

• Biografía de Jesús Reyes Heroles
Su tesis doctoral de Historia por la Universidad Iberoamericana, pendiente desde 1996. Para escribirla entrevistó a tres ex presidentes: Luis Echeverría, José López Portillo y Miguel de la Madrid porque los tres tuvieron relación cercana con Reyes Heroles, a quien Granados Chapa califica como personaje clave: "el mejor político del sistema en los últimos cincuenta años".

• Novela: *Bucareli*.
Asegura Granados Chapa que ésta, su primera novela, ya está diseñada en su mente. Sólo falta escribirla. La calle de Bucareli le resulta entrañable, seis cuadras donde siente que "ha transcurrido toda la historia de México, desde la Colonia".
    Al mencionar Bucareli, enumera recuerdos que traslapa en el tiempo. *Excélsior* y *El Universal*, los dos periódicos principales en una época. El golpe a Scherer y la puerta donde se dividieron los caminos. También *Novedades*, que algún día estuvo ahí. Los tribunales federales. El prototípico Café La Habana. La cantina La Mundial. Una calle que fue sitio de *rendezvous*, refugio de periodistas, policías y exiliados. La oficina del escritor Renato

Leduc y la de Vicente Ortega Colunga, el creador de la revista *Así*. El edificio francés que desemboca en la calle de Lucerna.

"Estando dentro de su gran patio, está uno en París", asegura. Dice con respecto a ese edificio que, alguna vez, bromeando, pensó que el motivo de su divorcio con Marta Isabel, la madre de sus hijos, se gestó por un necio deseo de vivir en ese inmueble. "Desde soltero me gustaba esa vieja construcción. Un día vi que se rentaba un departamento. Corrí a decírselo a Marta Isabel, que tiene un sentido práctico atroz", recuerda. Empezó ella a hacer preguntas sobre las cañerías, las instalaciones eléctricas, el estado de la construcción. Luis Fernando tenía cuatro años. El departamento le pareció a Marta Isabel húmedo y viejo, aseguraba que le iba a dar tuberculosis al niño. "Todo lo que argüía era desesperadamente cierto, tenía una lógica implacable contra mis deseos y me molestó", acepta.

Finalmente, a Miguel Ángel Granados Chapa se le quitó la gana de ir a vivir a su "París en Bucareli", un pendiente insatisfecho, pero no las ganas de escribir de esa calle, de ese espacio, de ese sitio de nostalgias…

Índice onomástico

Los números que aparecen resaltados en negritas corresponden a las páginas de la sección de fotografías.

Este libro se terminó de imprimir en el mes de
Agosto de 2010, en Edamsa Impresiones S.A. de C.V.
Av. Hidalgo No. 111, Col. Fracc. San Nicolás Tolentino C.P. 09850,
Del. Iztapalapa, México, D.F.